자산운용사와 펀드

김 형 모

知元出版社

프롤로그

저자는 학창시절은 물론 젊은 시절 사회생활을 하면서, 자산운용사에 근무하면서도 투자에 관해서는 어찌하여 관심이 없었습니다. 부동산은 물론이고 주식, 펀드에 관한 관심보다 하는 업무에 따라 금융 관련 법령을 이해하는데 더 많은 시간을 쏟았습니다. 여기에 맞벌이와 애를 키우느라 투자는 언감생심, 다른 생각조차 할 수 없었던 과거의 제 모습입니다.

그때와 지금을 비교해보면 천지개벽일 정도로 많은 사회변화가 있었습니다. 10%를 넘었던 정기예금은 한 자리 금리로 떨어진 지 오래되었고, 출산율은 1명도 채 되지 않습니다. 2002년부터 시작된 주5일 근무는 이제 주4일 근무를 이야기하고, 젊은이들은 결혼에 관심이 없습니다. 부동산값 폭등으로 집 있는 사람도 집 없는 사람도 스트레스입니다. 집 있는 사람은 팔아야 할지 말아야 할지, 집 없는 사람은 지금이라도 사야 하는지 갈피를 잡을 수 없습니다. 1960년대, 1970년대생의 은퇴가 계속되는 지금 우리나라의 모습입니다.

저자는 학교에서 금융을 배워본 적이 없습니다. 저자의 경험은 1990년대 대학원에 다니던 시절 학교에 있던 우체국지점에서 처음 통장을 개설하고, 현금카드를 발급받아 ATM 지급기에서 현금을 인출 했던 바가 전부입니다. 그때는 은행 문이 몇 시에 여는지 몇 시에 닫는지조차 몰랐던 시절입니다. 저자의 경험처럼 우리의 학교 교육은 금융을 가르치지 않았습니다. 학교 교육은 노동시장에 안정적인 양질의 노동력공급이 목표이지 스스로 생각하며 경제활동을 하는 영리한 사람은 필요하지 않기 때문입니다.

신용화폐의 팽창으로 돈의 가치는 계속 떨어지고 있습니다. 시간이 흐를수록 돈의 가치가 하락한다면 지금 무엇을 해야 할지 분명합니다. 저속하게 말하면, 돈 공부요 고급스럽게 말하면 투자 공부입니다. 돈을 관리하고 돈을 불려 내가 원하는 대로 할 수 있어야 합니다. 그러기 위해서는 투자 공부를 통해 돈과 친해져야 합니다.

이 책은 저자가 자산운용사에서 근무하면서 틈틈이 써 놓았던 글을 추가하고 수정하며 정리한 것입니다. 투자에 관해 문외한이었던 저자가 서서히 투자에 눈을 뜨면서 실제로 투자를 해 보면서 이 정도는 알아야 하지 않을까 하는 마음으로 써 보았습니다.

제1장은 채권과 주식에 관해 알아야 할 사항을 정리하였습니다. 채권의 종류와 특징, 주식에 관해 짧은 글을 써 보았습니다. 이 장을 읽고 나면 이제 경제기사는 무난하게 이해할 수 있게 되리라 기대해 봅니다.

제2장은 자본시장과 금융시장. 그리고 투자에 대한 저자의 생각을 수필형식으로 기술하였습니다. 본 장은 저자의 생각이 많이 투영되었으니, 이런 생각도 있구나 하며 열린 마음으로 읽어보면 좋겠습니다.

제3장은 금융상품과 금융투자상품에 대한 차이점과 금융투자상품에는 어떤 종류가 있으며, 일상생활에서 자주 접하는 투자 상품을 모아 정리해 보았습니다. 하나하나 투자 상품을 읽고 이해하다 보면 더 많은 상품을 알고 싶은 호기심이 충만하리라 믿습니다.

제4장은 채권과 주식, 부동산 등에 투자하며, 자본시장에서 중요한 역할을 담당하는 자산운용사와 간접투자의 대명사인 펀드에 관해 써 보았습니다. 여전히 펀드는 훌륭한 투자 대안이며 재산증식에 없어서는 안 될 중요한 투자수단입니다. 이번 기회에 펀드를 이해하고 적은 돈이라도 펀드에 투자해 보길 바랍니다.

모든 일에는 순서가 있는 법입니다. 갓 태어난 아이는 옹알이부터 시작하고 걸음마를 배웁니다. 아무런 준비 없이 유튜브 주식방송만을 보며, 기술적 분석을 배워 바로 주식에 투자할 수는 없습니다. 서서히 투자의 기본부터 착실하게 다지고 적은 돈으로 간접투자 경험을 쌓아가면서 종자돈을 모아 젊어서 시간에 투자하는 것이 빠른 성공투자의 길입니다.

이 책은 저자가 이제 투자에 관심을 가졌으면 하는 대학생, 사회초년생, 퇴직을 앞둔 중장년층을 위해 제 경험을 바탕으로 써 보았습니다. 이 책이 투자에 관한 울렁증을 치료하고 이해 하는데 조금이나마 도움이 되면 좋겠습니다. 아울러 귀한 시간을 들여 이 책을 읽는 독자분들에게 감사드립니다.

2024년 4월

저 자 **김형모**

〈본서 내용은 저자 개인의 의견이며, 저자가 속한 회사의 공식 의견이 아닙니다.〉

목 차

제1장 채권과 주식

제2장 자본시장

제 3 장 금융투자상품

제 4 장 자산운용사와 펀드

표 목 차

그림 목차

제1장 채권과 주식

1 주식은 알겠는데, 채권은 뭐지
2 채권도 주식처럼 투자한다
3 수능에만 등급이 있는 게 아니다
4 주식, 아는 만큼 보인다
5 우리나라는 코스피, 미국 · 일본은
6 주식가격 상승 · 하락 제한폭
7 주식체결순서는 선착순
8 급등 · 급락하는 때, 조절장치가 있다
9 주가 하락 일등공신
10 배당권리가 사라지는 배당락
11 권리, 포기하다
12 주식 액면을 여러 개로 나누는 액면분할
13 내 스타일에 맞는 주식투자는
14 공포와 탐욕 사이

1 주식은 알겠는데, 채권은 뭐지

채권은 차용증서의 일종으로 오랜 기간 투자수단으로 인기 많은 유가증권입니다. 채권은 정부, 공공기관, 금융회사, 주식회사 등이 투자자로부터 사업을 영위하는데 필요한 자금을 장기로 조달하기 위해 발행하는 채무증서입니다. 일반인도 기업과 마찬가지로 대주로부터 돈을 빌리고 차용증을 제공합니다. 다만, 채권은 일반인이 작성하는 차용증과 다르게 공신력 있는 정부나 공공기관, 금융회사 등이 불특정 다수로부터 자금을 빌린다는 점에서 상법, 자본시장법은 투자자를 보호하기 위해 채권발행 주체를 제한하고 있으며, 채권발행자는 법령이 정한 조건을 준수하여 발행하여야 합니다.

〈채권의 분류방식〉

구분	종류
발행 주체	국채, 지방채, 특수채, 금융채, 회사채
이자 지급	이표채, 할인채, 복리채, 단리채, 거치채
상환 기간	단기채, 중기채, 장기채
보증 유무	보증채, 무보증채
발행 방식	할인발행, 할증발행, 액면발행

채권은 다음과 같은 특징이 있습니다. (i) 발행 주체가 법률로 정해져 있습니다. 정부, 공공기관, 특수법인, 상법상 주식회사와 금융회사 등이 채권을 발행할 수 있습니다. (ii) 정부의 채권발행은 국회의 동의가 필요하며, 회사는 이사회결의와 공모발행 시 증권신고서를 제출하여야 합니다. (iii) 채권은 어음, 수표와 다르게 유가증권시장에서 경쟁매매[1] 방식으로 대량거래가 이루어집니다. 채권은 확정 이자를 지급하는 만기가 정해진 기한부 증권으로 대부분 고정금리로 발행되며, 시중에는 여러 종류의 채권이 발행되어 있으며, 다음과 같은 공통점을 가지고 있습니다.

(i) 채권은 확정이자부 증권입니다. 채권은 발행할 때 발행자인 채무자가 지급하여야 할 이자와 상환금액이 확정됩니다. 이는 채권의 지급 이자가 변동금리가 아닌 고정금리임을 뜻합니다. 즉, 투자자가 만기 이전에 채권을 매각하는 경우, 채권시장의 수요와 공급에 의한 채권가격의 등락을 제외하고, 이자는 금리변동과 무관하게 발행하는 때 이미 결정되므로, 무엇보다 채무자의 원리금 상환능력이 가장 중요합니다. 발행자는 회사의 수익 발생 여부와 관계없이 투자자에게 이자를 지급할 의무를 부담합니다.

(ii) 채권은 기한부 증권입니다. 채권은 투자원금과 이자의 지급 시기가 채권을 발행하는 때에 이미 정해져 있습니다. 그래서 채권을 투자하는 때에는 채권 만기가 얼마만큼 남아 있느냐에 따라 채권가격이 다르며, 채권 만기가 길수록 채권금리는 상승합니다. 채권 만기가 길어진다는 것은 그만큼 채무자가 갚아야 할 원리금 상환위험이 늘어지는 것을 의미하기 때문에 일반적으로 장기 채권은 단기 채권보다 높은 금리를 제공하고 있습니다.

채권은 자금조달을 누구로부터 하느냐에 따라 공모·사모로 분류합니다. 채권의 공모발행은 50인 이상의 불특정 투자자를 대상으로 발행하는 것을 말

1) 경쟁매매는 비대면에 의한 대량거래방식으로 주로 거래소 시장을 통해 이루어집니다.

합니다. 공모발행은 발행회사가 직접 투자자를 모집하여 채권발행에 따른 위험을 모두 부담하는 직접발행방식과 채권발행 총액을 수탁 기관이나 증권회사를 포함한 채권 인수단이 전체를 인수하고 투자자에게 매출하는 간접발행방식의 두 가지가 있습니다. 사모 발행은 발행자가 직접 소수의 몇몇 기관투자자와 사전 협의 등을 통해 발행하는 것을 말하며, 주로 은행, 보험회사, 자산운용사와 같은 투자전문가가 해당 채권을 인수합니다.

채권은 발행자가 자본시장을 통해 자금을 직접 조달하는 수단입니다. 기업은 필요한 자금을 은행으로부터 직접 대출을 받는 방식과 자본시장에서 주식과 채권을 발행하여 투자자로부터 조달하는 방법이 있습니다. 주식과 채권은 기업자금을 투자자로부터 직접 조달한다는 공통점이 있지만, 자금 성격, 투자자 지위, 조달 기간, 자금 규모 등에서 다음과 같은 차이점이 있습니다.

〈주식과 채권〉

구분	주식	채권
발행 주체	주식회사	정부, 회사, 공공단체 등
조달자금 성격	자기자본	타인자본 (채무, 빚)
투자자 지위	주주	채권자
주된 권리	의결권	확정이자 수령
존속 기간	영구 증권 (자본)	기한부 증권 (부채)
경영 참가	있음	없음

국채는 국가가 발행하는 채권으로 국가가 없어지지 않는 한 원리금 상환이 이루어지기 때문에 가장 안전한 투자자산이라 할 수 있습니다. 국채의 발행·등록과 원금상환 등에 관한 기본 사항은 1949년에 제정·시행된 국채법이 정하고 있습니다. 우리나라 국채는 기획재정부장관이 국회의 의결을 얻어 공공 및 재정 투자와 융자 자금 조성을 위해 발행합니다. 정부가 채권의 원리금

지급을 보증하기 때문에, 가장 신용도가 높아 국가 부도가 발생하지 않는 한 원리금 상환위험이 전혀 없는 채권입니다.

국고채는 국채의 한 종류로 한국은행이 국고채의 발행과 국채 원금의 상환 등 국채에 관한 사무를 기획재정부령으로 정하는 바에 따라 담당합니다. 국고채는 1년, 3년, 5년, 10년, 20년, 30년, 50년 만기상환으로 발행되며, 3년 만기 국고채가 가장 많이 유통되어 시장금리지표로 사용됩니다. 국고채는 매입자격을 제한하지 않고 발행하는 국고채와 매입자격을 개인으로 제한하여 발행하는 개인 투자용 국채[2)]가 있습니다. 국고채 대부분은 은행이나 자산운용사가 매수하며, 경쟁입찰방식에 의해 시장실세금리로 발행되는 특징을 가지고 있습니다.

외국환평형기금채권은 기획재정부장관이 발행권을 가지며 외환시장 안정을 위해 원화 표시와 외화 표시 두 종류로 발행합니다. 정부는 원활한 외국환거래를 위하여 외국환평형기금을 설치하고 해당 기금 마련을 위해 채권을 발행하며, 이 기금으로 급격한 환율변동을 방어하기 위하여 사용합니다. 예를 들어, 지금 1달러에 1,000원 하던 원화가 1,500원으로 급격하게 원화 절하가 된다면 수입물가 상승, 소비 하락 등으로 우리나라 경제 전반에 악영향을 끼치게 됩니다. 이때 정부는 환율안정을 위해 외평채를 발행하여 외국인 투자자로부터 달러를 조달하고 그에 상응하는 이자 등을 지급하면서 외환시장의 안정화를 도모합니다.

국민주택채권은 정부가 국민의 주거복지 증진과 도시재생 활성화를 지원하고 국민주택 사업에 필요한 자금을 조달하기 위해 국민주택기금[3)] 부담으로

---

2) 기획재정부는 2024년 1월 26일 2024년 상반기 내에 1조 원 규모의 개인 투자용 국채를 발행할 예정이라고 합니다. 개인 투자용 국채는 10년물과 20년물로 발행되며, 최소 10만 원부터 연간 1억 원까지 투자할 수 있습니다. 만기까지 국채를 보유할 경우 표면금리와 가산금리에 연 복리를 적용한 이자를 만기일에 일괄 지급합니다. 2023년 말 기준 국채 보유 비중은 국내기관 78.1%, 외국인 20.4%, 개인투자자는 1%대에 그치고 있습니다(Business Post, 정부 상반기 중 개인 투자 전용 국채 발행, 어떤 투자자들이 매입하면 좋을까, 2024.1.26.).

3) 국민주택은 주거전용면적이 85㎡로 약 33평 규모인 주택을 말합니다. 국민주택기금은 1973년

발행하는 채권으로 주택도시기금법에 발행근거를 두고 있습니다. 국토교통부장관의 요청에 따라 기획재정부장관이 발행하며, 제1종이 1973년부터, 제2종은 1983년부터, 제3종은 2005년부터 발행되었으나 지금은 제1종 국민주택채권만 발행하고 있습니다.

〈국민주택채권 종류별 현황〉[4]

구분		제1종	제2종	제3종
최초발행	발행일시	1973.3.2	1983.5.23	2005.3.9
	만기·금리	5년·연6%	20년·연3%	10년·연0%
	발행목적	인·허가, 면허, 등기·등록 신청 시	투기과열지구 내 주택 분양 시	공공택지 내 85㎡ 초과주택건설을 위한 택지를 공급받는 경우
발행중단		-	2013.5.31	2006.2.24

지방채는 서울특별시, 경기도와 같은 지방자치단체가 필요한 자금을 조달하기 위해 발행하는 채권입니다. 지방채는 지방자치단체가 대규모 투자 사업을 하거나 자연재해와 같이 예상하지 못한 긴급자금이 필요할 때, 부족한 재정수입을 보충하기 위하여 과세권 등을 담보로 자금조달을 위해 발행하는 채권입니다. 서울시가 발행한 지방채로는 도시철도공채와 지역개발공채 등이 있습니다.

특수채는 특별법[5]에 따라 설립된 법인이 발행하는 채권으로 통화안정증권, 산업금융채권, 중소기업금융채권, 한국전력공사채권 등이 있습니다. 특수채는 일명 공사채라고도 하며, 공채와 사채의 성격을 모두 가지고 있어 안정성이

1월 한국주택은행에 국민주택자금 계정을 설치하고 운영해 오던 공공주택자금을 1981년 7월 국민주택기금으로 별도로 설치하면서 본격적으로 공공주택금융이 시작되었습니다.

4) 국토교통부, 국민주택채권 업무편람, 10면(2019.10.).

5) 특별법이란 한국토지공사, 한국도로공사 등처럼 일반 주식회사의 설립근거인 상법이 아닌 특별한 목적에 의해 제정되는 법을 말합니다.

높으면서 수익성이 좋습니다. 우리나라 최초의 특수채는 1955년에 한국산업은행이 투자재원조달을 목적으로 발행한 산업금융채권입니다. 한국은행은 1981년 시중에 풀린 유동성 조절을 위해 한국은행법이 정하는 바에 따라 통안증권을 매입하거나 매각함으로써 통화량을 조절합니다.

금융채는 금융회사가 발행하는 채권입니다. 은행, 금융투자회사, 리스회사, 보험회사, 카드회사와 같은 금융회사가 안정적인 사업자금을 장기적으로 조달하기 위해 발행하는 채권입니다. 은행채는 은행법에 근거하여 은행이 자기자본의 5배 이내에서 발행할 수 있습니다. 은행채는 은행의 대출 금리와 밀접한 관련이 있는데, 이는 은행이 조달한 자금 비용을 반영하여 대출 금리를 결정하기 때문입니다. 이때 은행이 사용하는 지수로 자금조달비용지수(COFIX; Cost of Funds Index)가 있으며, 주택담보대출의 기준금리로서 2010년 2월 도입되었습니다.

카드회사와 리스회사는 고객으로부터 직접 자금을 받는 수신 기능이 없습니다. 대신 여신, 즉 대출을 전문적으로 영위하는 금융회사입니다. 이들 회사는 여신만 전문으로 한다고 하여 여신전문금융회사로 부릅니다. 이들 회사 역시 금융채인 여전채를 발행하며, 여전채는 카드채, 할부금융채, 리스채, 캐피탈채 등으로 세분할 수 있습니다. 금융채 중에서는 은행채의 신용등급이 가장 높으며, 여전채는 은행채보다 신용등급이 낮아 금리가 높게 형성되어 있습니다.

회사채는 기업이 자본시장을 통해 장기자금을 조달하기 위해 발행하는 가장 일반적인 채권입니다. 회사채는 주식회사가 불특정 다수로부터 설비투자에 필요한 자금 등 회사의 사업에 필요한 거액의 자금을 조달하기 위하여 발행하는 유가증권입니다. 회사채는 정부나 지방자치단체, 공사 등에 비해 상대적으로 신용이 떨어지기 때문에 회사채를 발행한 주식회사의 신용도를 객관적으로 측정하여 알릴 필요가 있습니다. 이러한 역할을 담당하는 신용평가회사는 회사가 발행하는 회사채에 장기 신용등급을 부여하여 투자자가 채권투자를 하는데 판단자료로 제공하고 있습니다. 이와 같은 신용평가제도는 회사채를 발행하는 금리에 큰 영향을 미칩니다.

2 채권도 주식처럼 투자한다

채권도 주식과 마찬가지로 증권회사를 통해 직접투자를 할 수 있습니다. 채권투자는 채권이 최초 발행된 날에 발행시장(Primary market)에서 취득하는 방법과 채권이 거래되는 유통시장(Secondary market)에서 다른 투자자로부터 매수하는 방법이 있습니다. 이러한 직접투자방식과 다르게 자산운용사의 채권형 펀드에 가입하는 간접투자도 있습니다.

채권매매는 증권거래소에 상장된 채권에 한정하여 거래되는 장내거래와 증권회사 창구를 통한 장외거래가 있습니다. 채권투자는 개인투자자가 주식처럼 증권회사 앱으로 실시간 거래가 어려워 경쟁매매가 아닌 상대매매의 형태로 이루어지기 때문에 장외거래로 매매하는 경우가 많습니다.

장외거래는 모든 상장 · 비상장 채권의 거래가 가능합니다. 매매시간은 거래당사자가 자유롭게 정할 수 있지만, 증권회사의 영업시간 내 매매를 원칙으로 합니다. 장외거래는 매매 수량, 호가 등에 제한이 없는 것이 특징입니다.

〈장내시장과 장외시장〉

구분	장내시장	장외시장
거래장소	증권거래소	증권회사 창구
거래대상	상장채권	모든 채권(상장·비상장)
거래시간	한정	무제한
거래조건	표준·규격화	자유
거래방법	경쟁매매	개별·상대매매
가격공시	공개	비공개

다음은 개인투자자가 증권회사에서 소액채권을 투자할 때 필요한 절차입니다.[6]

[채권을 사고자 할 때]

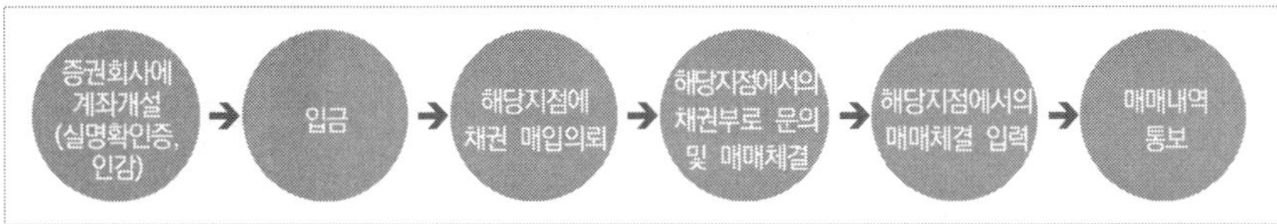

[채권을 매도하고자 할 때]

채권수익률은 원금상환을 언제 받을 수 있는지, 즉 채권 만기가 얼마 남아 있는가와 이자율, 수요와 공급상황, 채무불이행 위험도 등에 따라 다릅니다. 채권 만기란 채권을 투자한 날부터 채무자의 원금상환이 완료된 날까지를 의미하는데, 듀레이션 또는 잔존만기라 합니다. 채권투자는 만기까지 남아 있는 잔존일수에 따라 투자수익이 결정되기 때문에 투자를 결정하는데 잔존만기가 가장 중요한 고려요소입니다. 투자자는 원리금 상환에 따른 거래상대방 위험인

6) 교보증권 홈페이지, 채권 교실 참조.

신용위험을 줄이기 위해 최대한 만기가 짧은 채권을 선호하여 보통 만기가 짧은 채권이 긴 채권보다 비싸게 거래됩니다. 채권 역시 주식과 마찬가지로 원금손실위험이 있는데, 가장 대표적인 투자위험으로 거래상대방 위험과 이자율 변동위험이 있습니다.

거래상대방 위험은 채무불이행 위험과 같은 뜻입니다. 이 위험은 채권 발행자가 원금과 이자를 제때 갚지 못할 위험을 말합니다. 보통 정부가 발행하는 국채는 정부가 원금과 이자를 지급보증하므로 무위험(Risk free) 채권으로 분류합니다. 반면, 회사채는 발행자가 원리금 상환능력을 나타내는 신용등급을 신용평가회사로부터 받아야 합니다. 일반적으로 회사채의 신용등급이 높을수록 채무불이행 위험은 반대로 줄어듭니다.

이자율 변동위험은 시장위험을 말합니다. 채권금리는 채권을 처음 발행할 때 확정되는 고정금리이며, 채권가격은 채권시장의 수요와 공급으로 금리가 변동하면서 상승과 하락을 반복하며 등락을 거듭합니다. 이러한 채권금리와 채권가격은 반대로 움직입니다. 즉, 채권가격이 상승한다는 의미는 채권 수요가 많아져 보유자가 낮은 금리로 할인하여 비싼 가격으로 매도하므로 금리가 하락하며, 반대로 채권가격이 하락하는 것은 투자수요가 없어 채권보유자가 높은 금리로 할인하여 낮은 가격으로 채권을 매도함으로써 금리가 상승하기 때문입니다.

채권가격은 다른 상품과 마찬가지로 시장의 수요와 공급으로 결정됩니다. 채권은 만기까지 받을 금액이 확정되어 있어 낮은 가격에 매입할수록 이익입니다. 채권가격이 하락하면 사고자 하는 수요가 더 많이 생겨 수요량이 증가합니다. 반면, 파는 사람은 싸게 팔수록 손실이 발생하므로 가격이 하락할수록 공급량이 줄어드는 순환구조를 보입니다. 예를 들어, 자금이 필요한 기업이 채권발행을 통해 자금을 조달할 때 투자수요가 많은 경우라면 지급하는 이자를 적게 주어도 되지만(수요량 ↑), 반대로 경제 상황이 좋지 않아 채권 수요가 많이 없다면(수요량 ↓), 더 높은 금리를 주고서라도 채권을 발행할 것입니다.

그래서 채권은 찾는 사람이 없어 금리를 높여 발행하면 채권가격이 하락하며, 찾는 사람이 많아 금리를 낮춰 발행하더라도 수요가 많아져 채권가격은 상승하게 됩니다. 다만, 이러한 현상은 계속 유지되는 것은 아니며, 경기변동, 인플레이션, 수요공급 등 다양한 변수에 의해 변하는 순환 장세를 보여줍니다.

채권투자는 채권을 매수해 정해진 만기까지 보유하면서 원금과 약정된 이자를 받는 방법과 채권을 보유하다가 채권 수요자가 많아지면서 채권금리가 하락하는 때, 보유 채권의 가격이 상승할 때 시장에서 매각하여 차익을 실현하는 방법이 있습니다. 만일 채권을 만기 이전에 매각하여 현금화를 한다면 채권가격이 금리에 따라 결정된다는 점을 고려하여 매매타이밍을 정하여야 합니다.

다음은 채권투자로부터 발생하는 수익을 알아보겠습니다. 채권은 이자 지급 방법에 따라 이표채(Coupon Bond), 할인채(Discount Bond), 복리채(Compound interest Bond)로 구분합니다. 이표채는 3개월마다 이자를 지급하는 채권으로 채권 권면에 쿠폰이 붙어 있어 투자자는 이자 지급일에 쿠폰을 떼어 제시하고 이자를 받습니다. 이표채는 채권의 만기까지 일정한 기간마다 이자를 지급하고 만기 시 원금과 마지막 기간의 이자를 지급하는 가장 일반적인 형태의 채권입니다. 예를 들어, 액면 10,000원, 3년 만기, 금리 10%, 3개월 이표채라면 3개월마다 이자 250원과 1년 이자 1,000원을 받고, 만기에 액면 10,000원과 3개월분 이자 250원을 받게 됩니다.

할인채는 최초 채권을 매입할 때 이자율만큼의 금액을 먼저 공제한 후 만기에 원금을 수령 하는 채권입니다. 할인채는 채권 액면 금액에서 채권 만기일까지의 이자를 먼저 공제하고 만기에 원금을 지급하는 채권입니다. 따라서 할인채는 채권 액면보다 할인된 가격으로 발행되고, 쿠폰 없이 발행되기 때문에 무이표채 또는 제로 쿠폰채(Zero Coupon Bond)라고 합니다. 예를 들어, 액면 10,000원, 3년 만기, 금리 10%의 할인채라면 3년 이자 3,000원을 선 공제한 7,000원으로 매수하며, 만기에 원금 10,000원을 받는 식입니다.

복리채는 채권 만기에 원금과 이자를 한꺼번에 수령 하는 채권입니다. 복리채는 이표채와 다르게 이자가 복리로 재투자되어 만기에 원금과 이자가 함께 지급되는 채권을 말합니다. 우리나라에서 복리채는 국민주택채권, 지방채권, 은행의 후순위채권, 통화안정증권 등이 있습니다.

〈이자 지급 방법에 따른 분류〉

이밖에도 채권은 원금상환 기간 즉, 만기에 따라 단기채, 중기채, 장기채로 분류하기도 합니다. 단기채는 상환기일이 1년 미만인 채권을, 중기채는 상환 기간이 1년 이상 5년 미만인 채권을, 그리고 장기채는 상환 기간이 5년 이상인 채권을 말합니다.

금리는 돈을 빌리거나 빌려준 대가로 주고받는 이자를 원금으로 나눈 비율입니다. 한국은행은 우리나라 통화정책에 관한 주요 사항을 심의·의결하는 정책 결정기구로서 한국은행 총재와 부총재를 포함한 총 7인의 위원으로 구성된 금융통화위원회(약칭 : 금통위)가 있습니다.[7] 금통위는 물가 동향, 국내외 경제 상황, 금융시장 여건 등을 종합적으로 고려하여 기준금리를 결정하고

7) 금융통화위원회는 매월 경기 동향, 물가 및 금융시장 상황 등을 종합적으로 고려하여 1년에 8회 기준금리를 결정하고 있습니다.

있으며, 이렇게 결정된 기준금리는 초단기 금리인 콜금리에 즉시 영향을 미치고, 순차적으로 장단기 시장금리, 예금 및 대출 금리변동으로 이어져 궁극적으로는 실물 경제에 영향을 끼치게 됩니다. 한국은행이 발표하는 기준금리는 금융회사와 환매조건부증권(RP) 매매, 자금조정 예금 및 대출 거래를 통해 통화량을 조절할 때 사용하는 정책금리를 말합니다. 2024년 3월 현재, 우리나라의 기준금리는 3.5%이며, 2023년 금리를 인상한 이후 계속 동결하고 있습니다.

한국은행과 금융회사가 거래하는 환매조건부증권은 만기 7일 물로서 매각 시에는 고정입찰금리로, 매입 시에는 최저입찰 금리를 사용하고 있습니다. 자금조정 예금 및 대출 금리는 금융회사가 한국은행으로부터 자금을 예치하거나 차입을 하는 경우 한국은행의 기준금리에서 0.5%를 차감하거나 추가하는 이율로 합니다.

3 수능에만 등급이 있는 게 아니다

채권은 발행자의 만기일 원리금 상환능력을 보여주는 신용도가 중요합니다. 채권은 주식과 다르게 만기일이 정해져 있어, 발행자가 정해진 날에 돈을 갚는 능력이 무척 중요합니다. 발행자의 신용도가 떨어지면, 채권의 가치는 하락하게 됩니다. 심한 경우, 부도 발생 시에는 원리금을 받지 못할 수도 있습니다. 그래서 발행자의 만기상환 능력인 신용도를 나타내는 일종의 기준 지표인 신용등급이 있습니다. 채권은 신용등급에 따라 자금조달에 필요한 이자율인 금리가 정해집니다. 신용등급은 알파벳으로 표시하여 장기 신용등급과 단기 신용등급, 투자등급과 투기등급으로 구분합니다.

채권은 만기 대부분이 3년 이상인 점을 고려하여 최고 등급인 AAA부터 최저인 D등급까지 총 10개의 신용등급으로 구분하고 있습니다. 국내신용평가회사는 채권의 장기신용등급을 AAA(트리플A), AA(더블A), A(싱글A), BBB, BB, B, CCC, CC, C, D와 같이 총 10개의 기호로 표시합니다. 기업어음의 만기는 1년 이하 단기인 점을 고려하여 A1, A2, A3, B, C, D의 6개 등급으로 표시합니다. 채권등급이 AAA부터 BBB까지, 기업어음 등급이 A1에서 A3까지는 원리금 상환능력이 인정되는 투자등급을 뜻하며, 채권등급 BB에서 C까지, 기업어음 B와 C등급은 원리금 상환능력이 경제 상황변화에 따라 크게 영향을 받는 투기등급으로 분류하며, 최저 등급 D는 원리금 상환이 불능인 발행자의 부도 발생을 의미합니다. 또한, 같은 신용등급이라 하더라도 +, – 부호를 붙여 신용등급에 우열을 정하고 있습니다.

〈채권 장기신용등급 분류〉

구분	의미	투자등급 분류
AAA	원리금 지급 능력이 최상급	투자등급
AA	원리금 지급 능력이 매우 우수, AAA의 채권보다는 다소 떨어짐	
A	원리금 지급 능력 우수, 상위등급보다 경제 여건 및 환경악화에 따른 영향을 받기 쉬움	
BBB	원리금 지급 능력 양호, 상위 등급에 비해 경제여건 및 환경악화에 따라 장래 원리금 상환능력 저하 가능성 있음	
BB	원리금 지급 능력이 당장은 문제가 되지 않으나 장래를 단언할 수 없는 투기적 요소 있음	투기등급
B	원리금 지급 능력이 결핍, 투기적이며 불황 시에 이자 지급이 불확실	
CCC	원리금 지급에 관하여 현재도 불안, 채무불이행 위험이 커 매우 투기적임	
CC	상위 등급에 비해 원리금 상환에 대한 불안 요소가 더욱 큼	
C	채무불이행 위험성이 높고 원리금 상환능력이 없음	
D	상환 불능 상태	부도발생

신용평가회사는 발행자의 원리금 상환능력인 신용도를 평가하는 회사입니다. 투자자가 채권발행 기업의 재무제표를 보면서 현금흐름, 영업이익, 재고자산 등을 살펴보고 발행사의 신용위험을 정기적으로 점검하기란 어렵습니다. 신용평가회사는 발행회사를 방문하여 주요 경영진과 면담은 물론 발행사가 제공하는 재무자료와 수치를 기반으로 발행사의 재무상황을 점검하고 채무 상환능력 등을 평가하여 신용등급을 매겨주는 업무를 하고 있습니다. 신용평가회사는 발행 기업의 재무상황, 영업활동에 따른 현금흐름, 경제 환경 등 제반

상황을 고려하여 발행 기업의 신용도를 등급으로 수치화하여 발표합니다. 신용평가회사는 신용평가를 의뢰한 발행회사로부터 평가수수료를 받고 평가결과를 제공합니다. 신용평가회사는 정기, 수시로 발행회사의 신용등급 발표를 하는데, 투자자는 이를 참고하여 채권투자에 활용할 수 있습니다. 해외의 대표적인 신용평가회사는 무디스(Moody's), 스탠더드앤드푸어스(S&P), 피치(Fitch) 등이 있고, 우리나라에는 한국신용평가, 한국기업평가, NICE신용평가 등이 있습니다.

발행회사는 신용평가회사로부터 더 높은 신용등급을 받기 위해 노력하는데, 신용등급이 높을수록 낮은 이자로 자금조달이 가능하기 때문입니다. 또한, 신용등급이 높으면 경제 상황이 좋지 않더라도 투자자로부터 자금을 조달하는 데 유리합니다. 투자자 관점에서도 신용등급이 높다는 의미는 채권 만기 시 원리금 상환위험이 그만큼 낮다는 점에서 좋은 기업에 투자할 가능성이 크다고 하겠습니다.

4 주식, 아는 만큼 보인다

주식은 주식회사가 발행하는 증권의 한 형태입니다. 이 증권을 소지한 사람은 회사의 주인으로서 주주라고 합니다. 일상생활에서 접하는 삼성전자, 현대자동차 등 모든 회사는 주식을 발행한 주식회사입니다. 주식회사는 새롭게 회사를 설립하는 때, 신규 사업에 진출하거나 기업설비를 증설하는 데 필요한 자금을 조달하기 위하여 주식을 발행합니다. 주식은 내가 투자한 금액 내에서 권리를 갖게 되며, 회사가 파산하는 때에도 내가 투자한 금액만으로 책임이 제한됩니다.

주식을 갖는다는 것은 그 회사의 주인이 된다는 것을 의미합니다. 주식은 내가 가진 주식 수와 비례하는 주주평등원칙에 따라 주주로서 권리와 의무를 갖는 것이 원칙이지만, 회사는 이러한 원칙과 다르게 회사의 필요에 따라 정관이 정하는 바에 따라서 주주의 권리를 다르게 하는 여러 종류의 주식을 발행할 수 있습니다. 주주의 권리에는 자익권과 공익권이 있습니다. 자익권(自益權)은 글자 그대로 경제적 이득을 받는 권리를 말합니다. 회사의 이익을 현금으로 배당을 받거나, 신주를 발행하는 때에 신주를 우선으로 배정받을 권리 등이 이에 속합니다. 공익권(公益權)은 회사나 주주 공동의 이익을 위하여 회사 운영에 관여하거나 경영 참여를 위한 권리입니다. 주주총회에서 행사하는 의결권이나, 회사의 회계장부를 열람할 수 있는 권리 등이 이에 해당합니다.

주식은 보통주와 우선주가 있는데, 가장 큰 차이점은 의결권이 있느냐 없느냐에 있습니다. 보통주는 주주로서 누리는 모든 권리를 누리지만, 우선주는 의결권이 없는 대신 배당금을 보통주보다 우선하여 받습니다. 그렇지만 주식은 의결권 행사를 통한 경영권 확보가 중요하기 때문에 의결권을 가진 보통주의 주가가 우선주보다 높은 것이 보통입니다.

〈보통주와 우선주〉

구분	보통주	우선주
의결권	있음	없음
잔여재산 분배권	후 순위 (우선주 비해)	선 순위 (보통주 비해)
배당금	적음 (우선주 비해)	많음 (보통주 비해)
투자 포인트	매매익을 위한 중기투자	배당을 위한 장기투자

주식은 회사를 처음 설립하는 때, 사업 확장이나 시설 투자에 필요한 자금을 조달할 때 발행합니다. 회사설립은 주식의 인수 방법에 따라 발기설립과 모집설립으로 구분하며, 발기설립은 소수의 회사 발기인이 설립 시 발행되는 주식 전체를 인수하여 회사를 설립하는 방식이며, 모집설립은 발행주식 일부를 발기인이 인수하고 나머지는 다른 사람이 주주가 되어 주식을 인수하여 회사를 설립하는 방식입니다.

주식회사를 설립하기 위해서는 (i) 발기인구성, (ii) 회사의 이름과 회사가 영위할 사업목적을 정한 후, (iii) 발기인의 정관작성이 있어야 합니다. 정관작성이 끝나면 회사설립 시에 발행할 주식의 총수와 1주의 금액을 얼마로 할 것인가 등을 결정하는 주식발행사항이 있습니다. 이러한 회사의 설립 과정을 거쳐, 법인설립등기, 법인설립신고 및 사업자등록을 종료하면 회사설립의 모든 절차가 완료됩니다.

주식회사는 궁극적으로 주식을 유가증권시장에 상장하여 안정적인 자금조달을 통해 사업을 영위하고자 합니다. 주식의 가치인 주가에는 회사가 최초 설립하는 때에 한 주당 가격을 나타내는 액면가가 있습니다. 주식의 최저액면가는 상법상 100원입니다. 회사가 한 주당 액면가 100원으로 10,000주를 발행했다면 이 회사의 자본금은 1,000,000원이 됩니다. 회사가 증권시장에 처음에 상장하는 것을 IPO(Initial Public Offering)라고 하며, 공모가는 회사가 증권시장에 상장하는 때 한 주당 발행가격을 말합니다. 마지막으로 상장된 회사의 주식이 거래소에서 거래되는 한 주당 가격인 시장가가 있습니다. 이처럼 주식 가격은 액면가, 발행가, 시장가 등으로 부르고 있습니다.

회사는 은행으로부터 직접 대출을 받거나, 자본시장에서 채권과 주식을 발행하여 회사 운영에 필요한 자금을 조달합니다. 회사가 이미 발행된 주식 외에 추가로 주식을 발행하여 자금조달을 하는 증자가 있습니다. 증자는 자본금을 늘리는 것으로, 유상증자와 무상증자로 구분합니다. 유상증자는 회사가 최초 발행하기로 예정한 발행 총수에서 아직 발행하지 않은 주식의 일부 또는 전부를 이사회의 결의로 결정하여 발행하는 것을 말합니다. 회사는 증자 규모, 청약일, 신주대금 납입에 관한 사항 등을 구체적으로 결정한 후 주주에게 세부적인 사항을 통보하고 주주들은 본인 형편에 맞게 유상증자 대금을 지정한 날에 완료한 후 신주를 취득하게 됩니다.

유상증자는 주주 배정방식, 공모방식, 제3자 배정방식이 있습니다. (i) 주주 배정방식은 기존의 주주에게만 신주인수권을 부여하는 방식으로 주주가 가지는 주식 수에 비례하여 배정하는 방식입니다. (ii) 공모방식은 기존 주주에게 배정하는 대신 불특정 다수가 청약에 참여하여 공모를 통해 주식을 배정하여 증자하는 방식입니다. (iii) 제3자 배정방식은 기존 주주나 불특정 다수가 아닌 특정한 제3자를 지정하여 실시하는 유상증자 방식입니다.

무상증자는 회사가 투자자로부터 자금을 조달하지 않고 회사 내에 쌓인 이익잉여금을 회사 자본금으로 전환하는 것을 말합니다. 그래서 주주는 주식

대금을 내지 않고도 주식을 배정받게 됩니다. 회사의 재무제표에는 무상증자 금액만큼 이익잉여금이 감소하고, 자본금이 증가하게 됩니다.

회사 자본이 증가하는 증자와 반대로 자본이 감소하는 감자가 있습니다. 유상감자는 회사가 발행한 주식 수를 줄여 자본을 감소시켜 자본금 감소로 발생한 현금을 주주에 지급하는 것을 말합니다. 유상감자는 실질적으로 자본금이 감소하기 때문에 회사 규모를 줄이거나 다른 회사와 합병을 하는 때, 주주의 배당요구가 있는 때 사용됩니다. 또한, 회사의 규모보다 자본금이 지나치게 많은 경우에도 자본금 규모를 적정화하여 회사 가치를 높여 주가를 올리기 위해서도 사용됩니다.

무상감자는 유상감자와 반대로 주식 수를 무상으로 줄이는 것을 말합니다. 주주가 어떠한 보상을 받지 못한 채, 사전에 정해진 감자 비율만큼 주식 수가 줄어듭니다. 무상감자는 주로 회사의 손실이 커서 주주 배당을 할 수 없거나, 주가 하락이 우려되어 새로운 주식발행이 어려운 경우에도 실시합니다. 이밖에도 회사 부실이 증가하여 계속 기업으로 경쟁력이 없는 조선 산업이나 항공 산업과 같은 기간산업에 정부가 공적자금을 투입하는 때에도 대주주들의 부실 경영에 대한 징벌적 수단으로 활용하기도 합니다.

그럼, 주식시장의 상승장과 하락장에 대해 알아보겠습니다. 멋진 황소의 뿔을 생각해 보면, 왜 상승장, 강세장을 불(BULL) 장(MARKET)이라고 하는지 쉽게 연상이 됩니다. 멋진 황소는 뿔을 아래에서 위로 치켜세웁니다. 이 모습이 마치 주식이 상승하는 것처럼 연상 되어 상승장의 대명사가 되었습니다. 반면, 곰이 앞발로 위에서 아래로 내려치는 습성에 착안하여 이를 빗대어 하락장, 약세장을 베어(BEAR)마켓이라 합니다. 일반적으로 상승장은 여러 요인이 복합적으로 작용하면서 주가 움직임이 우상향의 형태를 띱니다. 일단 주식시장이 상승장에 진입했다는 뜻은 일시적인 하락도 있겠지만, 전반적으로 꾸준한 상승추세국면에 진입했음을 의미합니다. 시장 참가자인 투자자들이 향후 경제전망에 낙관적인 견해를 가지고 투자심리가 긍정적이라면 주식은 상승할 여지가 높습니다. 이처럼 주가는 경기에 앞서 반영되는 특징을 가지고 있어 경기선행지수로 활용됩니다.

시장 참가자가 주식시장을 낙관적으로 여긴다는 점은 투자자의 확신 또는 느낌이라는 감정이 동반된 심리적인 요소임을 부인할 수 없습니다. 우리나라 주식시장은 2020년부터 시작된 글로벌 유동성이 기폭제가 되어 금리하락에 따른 저금리로 채권 기대수익률의 하락, 넘치는 유동성 공급, 약 달러 현상, 기업실적개선, 국제수지흑자 등이 복합적으로 작용하여 한때 코스피지수가 3,000포인트를 돌파하는 등 상승장이 실현되었습니다. 주식이란 매일매일 등락을 거듭하기 때문에, 단기간 주가 움직임이 하락추세라고 하여 하락장으로 단정하기란 쉽진 않지만, 앞서 언급한 여러 고려요소가 좋지 않으면 주식시장은 장기추세적으로 하락국면에 진입할 개연성이 높습니다. 이런 점에서 주가는 거시적 변수인 금리 수준, 유동성 공급량, 환율, 국제수지, 경기 동향, 외국인 투자자 수급 동향 등과 미시적 변수인 개별 기업의 실적, 향후 기업의 성장 가능성 등이 투자자의 투자심리와 맞물리면서 상승과 하락이 순환·반복적으로 이루어지는 복잡한 사회현상이라 하겠습니다.

최근 2~3년간 주식시장에서 가장 많이 회자가 되었던 단어는 아마도 양적완화와 긴축일 것입니다. 양적 완화(QE : Quantitative Easing)는 경제가 침체기에 빠져 제대로 돌아가지 못할 때, 중앙은행이 국채매입과 재정정책을 통해 시중에 돈을 풀어 경기 부양을 꾀하는 정책입니다. 그래서 양적 완화는 유동성 공급을 의미하며, 이로 인해 넘쳐나는 현금이 주식을 포함한 대부분의 자산가격을 상승시키는 원동력이기도 합니다. 반면, 긴축은 중앙정부가 점진적으로 시중의 돈을 축소해 나가는 것을 뜻하는데, 영어 단어 테이퍼링 (Tapering)이 '점점 줄어드는', '끝이 뾰족한'이란 의미를 가져 시중에 넘치던 현금이 줄어드는 긴축의 의미로 사용되고 있습니다. 이처럼 시중에 돈이 줄어들면 자산가격에는 좋지 않은 영향을 미치게 됩니다. 실제로 2020년과 2021년에 역대급으로 시중에 풀린 엄청난 유동성과 초저금리에 자산가치와 물가상승으로 2022년 하반기 들어 각국은 인플레이션 방지를 위해 본격적인 금리 인상과 함께 유동성을 축소하기 시작하면서 전 세계 주식시장은 큰 폭으로 하락하다가 최근 회복세를 보여주고 있습니다.

우리나라 역시 시중에 풀린 유동성과 저금리 정책으로 주식과 부동산의 자산가치가 큰 폭으로 상승한 후 현재는 등락을 반복하는 지루한 장세를 보여주고 있습니다. 지금은 전 세계가 물가상승을 억제하기 위해 긴축실시와 함께 금리를 인상하는 추세입니다. 미국의 경우만 하더라도 최근 여러 차례 기준금리를 올려 2023년 11월 현재 5.25% ~ 5.5%로 22년 만의 최고 수준에 도달하였습니다. 2024년 2월 현재, 우리나라의 기준금리는 3.5%로 미국과의 금리 차가 상당합니다. 하루빨리 물가가 안정되고 자산시장 거품이 꺼지는 등 경제가 호전되기를 바랍니다.

5 우리나라는 코스피, 미국 · 일본은

세계 여러 나라는 자국을 대표하는 주가지수를 가지고 있습니다. 주가지수는 거래소에서 거래되는 주식 전체를 몇 개의 카테고리인 섹터로 구분하여 이를 하나로 묶어 주식시장의 움직임을 알기 쉽게 숫자로 지수화를 한 것입니다. 주가지수를 활용하는 대표적인 투자 상품은 인덱스펀드와 ETF가 있습니다. 국제 자본은 이러한 주가지수를 따라 운용하는 인덱스펀드에 투자합니다. 인덱스펀드는 주가지수를 추종하는 대표적인 투자 상품으로 시장수익률을 따라가는 운용전략을 구사합니다. 처음 주가지수는 대형주 위주로 만들었지만, 지금은 세계 전체의 주가 움직임이나 여러 섹터로 세분화하여 주가의 움직임을 반영하는 지수화가 계속되고 있습니다.

주가지수의 구성 종목은 최초 구성된 종목으로 계속 유지되는 것이 아니라 정기적인 조정 과정을 거쳐 계속 유지할 것인가 아니면 추가 또는 제외가 이루어집니다. 이러한 구성 종목변경은 누구나 할 수 있는 것이 아니라 각 나라를 대표하는 거래소나 세계적으로 공신력을 인정받은 거대 투자은행 등이 할 수 있습니다. 인덱스펀드는 이러한 변경을 반영하여 투자비율을 조정하거나 종목교체를 합니다. 각국의 인덱스펀드는 주가지수 구성 종목에 편입된 종목을 그대로 복제하여 운용하므로 공신력 높은 기관이 지수의 구성 종목, 지수산출, 지수조정 등을 하고 있습니다. 또한, 주가지수는 시장수익률보다 높은 수익을 추구하는 주식형 펀드의 운용현황을 객관적으로 비교할 수 있는 비교지수로도 사용됩니다. 이런 이유 등으로 모건스탠리나 골드만삭스와 같은 투자은행이 주가지수를 생성하고 있습니다. 우리나라는 자산운용사가 수취하는 기본 운용보수 이외에 운용성과에 따른 성과보수를 받을 때, 회사가 임의로 변경할 수 없는 객관적 지표나 수치인 주가지수를 기준으로 삼아 성과보수를 계산하도록 자본시장법에서 정하고 있습니다.

미국의 주가지수에는 다우존스 · S&P지수 등이 있습니다. 다우존스 30지수(DJI)는 대형우량주 30개 종목을 담고 있습니다. 다우존스지수는 1884년 7월 3일, 찰스 다우(Charles Dow)가 만든 지수로 가장 오래된 주가지수입니다. 뉴욕 증권거래소에 상장된 대형우량주 30개사의 주가를 평균하여 산출합니다.

S&P 500지수는 뉴욕거래소에 상장된 대형주 500개 종목을 담고 있습니다. S&P는 스탠더드 앤드 푸어스(Standard and Poors)의 약칭으로 무디스, 피치와 함께 세계 3대 신용평가회사입니다. S&P 500지수는 S&P사가 뉴욕 증권거래소에 상장된 우량기업을 중심으로 500개 종목을 선정하여 산출하는 지수입니다.

나스닥 100지수는 나스닥에 상장된 기술주 100개 종목을 담고 있습니다. 이 지수는 나스닥에 상장된 기업 중 우량 기술주 100개를 모아 만든 지수로 테슬라, 구글, 애플, 엔비디아, 아마존 등 미국의 대형 기술혁신 기업을 중심으로 구성되어 있습니다.

미국의 러셀 1,000지수(Russell index)는 중 · 소형주 1,000개 종목을 담습니다. 이 지수는 1984년 미국의 투자회사인 러셀 인베스트먼트사가 만들었는데, 주로 중 · 소형주의 주가 움직임을 파악할 때 많이 사용됩니다. 러셀 지수는 시가총액 상위 3,000개의 대기업으로 구성된 러셀 3,000지수, 2,000개의 중소기업을 선별해 이들 기업의 주가지수를 시가총액으로 계산한 러셀 2,000지수 및 중소기업의 주가 변동을 나타내는 러셀 1,000지수가 있습니다.

미국의 필라델피아 반도체지수는 세계의 반도체 관련 30개 종목을 담습니다. 1993년 12월 필라델피아 증권거래소에 의해 탄생한 주가지수로 나스닥 시장과 뉴욕 증권거래소에 상장된 회사 중 반도체 설계 · 제조 · 유통과 관련된 30개의 미국 반도체 기업의 주가를 포함합니다. 필요한 경우 분기별로 종목을 교체하는 리밸런싱을 진행하며, 종목당 최대 8% 편입을 초과하지 않는 것을 원칙으로 합니다.

MSCI지수는 미국의 투자은행인 모건스탠리 캐피털 인터내셔널(Morgan Stanley Capital International)이 만든 지수로 각 단어 앞 철자를 따라 부르고 있습니다. 이 지수는 세계적으로 유명한 펀드가 사용하는 주요 지수로 대형주(Large cap) · 중형주(Mid cap) · 소형주(Small cap)로 구분하여 종목을 구성하고 있습니다. MSCI지수에 편입되는 종목은 세계 유수의 인덱스펀드에서 지수 추종을 위해 종목을 매수하기에 주가에 좋은 재료로 여겨집니다. MSCI지수는 국제적으로 벤치마크 지수로 활용되고 있으며 다양한 펀드나 ETF의 운용에 사용되고 있습니다. 이 지수에서 대형주는 시가총액이 큰 종목순서로 전체 주식시장의 시가총액 70% 정도를 커버하는 종목군을, 그리고 유동 시가총액 커버를 85% 정도까지 하는 종목군을 중형주, 마지막으로 99% 정도까지 커버하는 종목군을 소형주로 나누고 있습니다. 또한, 주식시장의 발전 정도에 따라 선진 시장(DM, Developed Market), 신흥 시장(EM, Emerging Market), 프론티어 시장(FM, Frontier Market) 등으로 나누고 있습니다. 2020년 2월 기준으로 DM 시장에는 미국 등 23개 국가가, EM 시장에는 한국, 중국 등 26개 국가가 포함되어 있습니다.

유로 지수는 영국의 FTSE, 독일의 DAX 지수 등이 있습니다. FTSE 100 지수는 Financial Times Stock Exchange의 약칭으로 런던 증권거래소에 상장된 회사 주식 중 시가총액 100대 기업의 주가를 기초로 1984년 1월 3일을 기준으로 지수 1,000으로 산출한 지수입니다.

독일의 DAX 30지수는 1987년 12월 30일을 기준일로 프랑크푸르트 증권거래소에 상장된 종목 중 시가총액과 매매대금이 큰 주요 30개 종목인 아디

다스, BMW, 아우디, 알리안츠 등으로 구성하여 지수 1,000으로 산출한 지수입니다.

프랑스의 CAC 40지수는 파리 거래소에 상장된 40개의 우량주식으로 구성됩니다. CAC 40지수는 1987년 12월 31일 1,000으로 시작하였으며, 파리 증권거래소에 상장된 40개의 우량주식으로 구성되어 있습니다.

유로스톡스 50지수는 범유럽에 상장된 50개 우량기업으로 구성됩니다. 유로스톡스 50지수는 1999년 12월 독일의 STOXX가 유럽의 11개국인 오스트리아, 벨기에, 핀란드, 프랑스, 독일, 아일랜드, 이탈리아, 룩셈부르크, 네덜란드, 포르투갈, 스페인증시에 상장된 기업 중 50개 우량기업을 선정하여 만든 주가지수입니다.

중국의 주식시장은 세계에서 미국 다음으로 큰 규모를 가지고 있습니다. 중국은 사회주의국가이면서 미국과 더불어 G2 국가로 세계 경제의 큰 축을 담당하고 있으며, 알리바바, 텐센트, 바이두와 같은 세계적인 기업들이 상장되어 있습니다. 중국에는 중국 본토 시장인 상해증권거래소와 심천증권거래소가 있으며, 홍콩증권거래소가 있습니다.

상해 종합지수는 국영기업이 상장되어 있으며, 후강통(상해 + 홍콩)으로 알려져 있습니다. 상해증권거래소는 중국의 국영기업을 비롯한 주요 기업들이 상장되어 있습니다. 내국인과 외국인으로 구분하여 내국인 전용의 A주식과 외국인 전용의 B주식이 있으며, 지수는 A, B 시가총액 모두를 가중 평균하여 산출합니다. 상해거래소와 홍콩거래소에 상장된 기업에 교차거래를 통해 투자가 가능한 것을 후강통이라 합니다. 이 제도는 중국의 대외개방정책에 따라 2014년 11월부터 시행되었는데, 이를 통해 중국 본토 투자자는 홍콩시장에, 해외투자자는 홍콩시장을 통해 중국 상해 A주(내국인 전용)에 직접투자를 할 수 있게 되었습니다.

심천 종합지수는 기술 기업이 주를 이루며, 선강통(심천 + 홍콩)이라 합니다. 상해증권거래소가 국영기업과 은행 위주로 상장되어 있다면 심천거래소는 기술이나 IT 관련 기업이 주로 상장되어 있습니다. 또한, 중소기업, 벤처기업들의 주식도 많이 상장되어 있습니다. 심천거래소 역시 상해거래소와 마찬가지로 내국인 전용의 A주식과 외국인 전용의 B주식이 상장되어 있으며, 2016년 심천과 홍콩 주식시장이 서로 교차 매매가 가능한 선(深)강(港)통(通)이 시행되면서 외국인 투자자에게 문호가 개방되었습니다.

항셍지수는 홍콩거래소 지수로 항셍은행이 내부적으로 사용하던 자료를 1969년 공개하면서 33개 종목으로 시작하여 지금은 50개 기업의 시가총액을 가중 평균하여 산출하고 있습니다.

항셍H지수는 홍콩에 상장된 중국 국영기업의 지수를 나타냅니다. H주식은 홍콩거래소에 상장된 중국의 국영기업 주식을 말하는데, 국영기업은 국유기업 또는 정부 지분이 30% 이상인 기업의 주식을 말합니다. 이 주식은 중국 본토에서 등록하고, 홍콩에 상장된 주식으로 본사는 중국 본토에 있어 매출이 중국에서 발생하지만, 홍콩과 중국 본토에 동시 상장되어 거래되는 특징을 가지고 있습니다. 항셍H지수는 우리나라 증권회사가 발행하는 주가연계증권(ELS)에 사용되는 대표적인 기초자산입니다.

일본에는 니케이 225지수와 토픽스지수가 있습니다. Nikkei (日經)225지수는 동경거래소 1부에 상장된 시가총액 상위 225개 기업을 합산하여 산출하는 주가지수로서 1971년부터 니혼게이자이(日本經濟)신문이 산출하고 있습니다. 일본 주식시장은 80년대 후반 지수가 3만8,000선까지 치솟았다가 90년대 장기 불황이 시작되면서 계속 약세를 이어오다 최근 엔저를 바탕으로 한 일본기업의 호실적 등에 힘입어 서서히 회복하여 2024년 2월 현재 3만 9천 포인트를 넘어 최고치를 경신하고 있습니다.[8)]

---

8) 한경글로벌마켓, 니케이 225 최고치 경신, 4만 포인트 육박(2024.2.26.).

토픽스(TOPIX)지수는 동경거래소 1부에 상장된 약 2,200여 개의 모든 기업으로 구성된 지수입니다. 최근 동경거래소는 새로운 토픽스지수를 구성하기 위한 방침을 정하고 있습니다. 현재는 1부에 상장된 모든 주식으로 지수를 구성하는 방식에서 유통되는 주식의 시가총액(대주주 보유지분을 제외하고 시장에서 매매되는 주식 수로 산출하는 시가총액) 기준에 미달하는 상장사와 투자유의 종목을 제외하여 구성 종목 수를 줄일 예정입니다. 이러한 움직임은 모든 기업이 지수에 포함되다 보니 일본 은행(BOJ)과 일본 공적연금 등에서 투자한 지수연동 ETF가 적절하지 않다는 내부지적이 끊임없이 제기되어 이에 대한 시정이 필요하기 때문이라고 합니다.

6 주식가격 상승 · 하락 제한폭

주식은 다른 투자 상품과 다르게 변동성이 큰 상품입니다. 변동성이 크다는 것은 그만큼 주식가격의 위 · 아래 움직임이 크다는 것이며, 위험성 역시 크다는 것을 의미합니다. 우리나라 주식시장은 이러한 주식 변동성을 고려하여 주가가 하루에 움직일 수 있는 가격의 범위를 제한하는 소위 가격제한폭을 설정하여 운영하고 있습니다.

우리나라 주식시장의 가격제한폭은 상하 30%입니다. 미국, 영국, 독일, 스페인, 홍콩 등은 가격제한폭이 없으며, 대만과 중국은 상하 15%, 태국은 상하 30%, 베트남은 상하 10%의 가격제한폭을 가지고 있습니다. 가격제한폭이 투자자에게 유리한 것인지 아니면 불리한 것인가 많은 논란이 있는 것이 사실입니다. 아마 가격제한폭을 지지하는 투자자는 주식시장이 단기간에 너무 큰 폭으로 오르내리는 것을 막아 시장을 안정시키고 냉각시켜주는 완충 효과가 있다 할 것이고, 반대하는 투자자는 시장경제에 맡겨 자유로운 거래가 이루어져야지 인위적으로 가격제한폭을 두는 것은 자유 시장경쟁에 역행한다는 논리를 내세우기도 합니다. 양쪽 주장 모두 맞는 말입니다. 하지만, 모든 사물에는 양면이 있기에 한쪽 면만이 아닌 다른 면을 볼 수 있는 시각을 평소에 갖도록 하여야 하겠습니다.

〈우리나라의 가격제한폭 변화과정〉

시기	코스피	시기	코스닥
1995년 4월 이전	정액제(17단계)	1996년 11월 이전	정액제(11단계)
1995년 4월	± 6%	-	
1996년 11월	± 8%	1996년 11월	± 8%
1998년 3월	± 12%	1998년 5월	± 12%
1998년 12월	± 15%	2005년 3월	± 15%
2015년 6월	± 30%	2015년 6월	± 30%

상한가는 전일 종가에서 최대 30%까지 상승한 가격을 말합니다. 예를 들어, 전일 종가가 10,000원이라면, 오늘 오를 수 있는 최대치는 13,000원이 됩니다. 하지만, 실제 주식시장에서 당일 30%까지 급등한 상한가 종목은 그렇게 많지 않습니다.

하한가는 당일 가격제한폭까지 주식이 하락하는 것을 말합니다. 10,000원에 산 종목이 7,000원까지 떨어지면 하루 손실이 3,000원에 이릅니다. 보통 하한가는 해당 기업에 중대한 악재가 나왔을 때인데, 일단 하한가를 기록한 종목은 연이어 추가 하락할 가능성이 크기 때문에 매수 결정을 신중하게 하여야 합니다.

2023년 5월에 무더기로 발생한 하한가와 관련하여 문제가 된 차액결제제도가 있습니다. 차액결제제도는 영어로 Contract For Difference로, 단어 앞글자를 합성하여 CFD 라고 합니다. 이 제도는 개인 전문투자자가 주식을 보유하지 않은 채 증권회사에 일정 증거금을 내고 투자자의 매수·매도 지시에 따라 증권회사가 주식을 매매한 후, 매매에 따른 차액만큼을 현금으로 결제하는 일종의 장외파생상품입니다. 만일 주식이 하락하여 증거금이 부족하게 되면, 증권회사는 주식을 강제처분하는 마진콜 행사를 통해 반대매매를 실행합니다. 이때 CFD를 통해 투자한 종목이 이러한 반대매매로 주가 하락이 커지면서 하한가까지 떨어졌던 것입니다.

정부는 증권회사의 반대매매에 따른 무더기 하한가 재발을 막기 위해 2023년 9월부터 CFD 최소 증거금률 40%를 상시적용하며, 개인 전문투자자의 잔고를 3억 원으로 상향하고, CFD 잔고 공시의 의무화, CFD를 포함한 신용공여한도를 증권회사의 자기자본 100% 이내로 제한하는 등 투자자 보호 개선안을 마련하여 2023년 9월부터 적용하였습니다.[9)]

9) Biz watch, 9월부터 CFD제도 개선 적용…투자자 보호 개선될까(2023.7.19.).

7 주식체결순서는 선착순

주식이 체결되었다는 것은 파는 사람과 사는 사람의 가격이 일치하였다는 것을 의미합니다. 주식은 많은 투자자가 실시간으로 대량으로 사고팔기 때문에 동시에 혹은 불과 몇 초 간격으로 거래가 이루어집니다. 거래소는 원활한 주식거래를 위해 매매에 관한 규칙을 정하고 이에 따라 정해진 순서로 주문을 체결하고 있습니다. 그렇지 않으면, 대량매매에 따른 혼선 등으로 투자자와 투자자 사이, 이를 중개하는 증권회사와 투자자 사이에 많은 분쟁이 발생할 수 있습니다.

주식은 사고자 하는 가격과 팔고자 하는 가격을 호가라 합니다. 주식거래는 두 사람의 호가가 일치할 때 이루어집니다. 이는 사는 사람과 파는 사람의 가격조건 등이 서로 일치되었다는 것을 의미합니다. 주식시장은 하루에도 헤아릴 수 없는 많은 거래가 이루어집니다. 우리나라 대표주식인 삼성전자의 2024년의 일 거래량을 보면, 최저 1,000만에서 1월 11일 최고치인 5,700만을 기록할 정도로 대량거래가 매일 이루어지고 있습니다. 만약 주식체결순서에 관한 규칙이 없다면, 거래당사자가 서로 불신하며 발생하는 다툼 등으로 많은 분쟁이 일어나고, 그로 인한 거래축소 등이 이어진다면 주식시장의 존립마저 위태로워질 수 있습니다. 이에 거래소는 투자자 모두가 수용할 수 있는 매매규칙을 만들어 시행함으로써 투명하게 신속·원활한 거래가 이루어지도록 아래의 네 가지 체결순서에 따라 주식을 체결하고 있습니다.

〈주식 체결순서〉

순서	1	2	3	4
원칙	가격 우선	시간 우선	수량 우선	위탁매매 우선

주식매매의 첫 번째 적용원칙은 가격 우선 원칙입니다. 주식매도는 낮은 가격의 매도호가가 높은 가격의 매도호가에 우선합니다. 또한, 고가의 매수호가는 저가의 매수호가에 우선합니다. 이러한 호가의 주문방식에는 시장가 주문, 지정가 주문, 조건부 지정가 주문 등이 있습니다.

(시장가 주문)

시장가 주문은 내가 원하는 가격을 호가창에 입력하지 않고 현재 호가인 시장에서 거래되는 가격으로 자동체결이 이루어집니다. 시장가 주문으로 매수하는 경우, 매도호가 가운데 가장 낮은 가격으로 체결이 되며, 매도는 반대로 매수호가 가운데 가장 높은 가격으로 체결이 이루어집니다. 그러므로 시장가 주문은 지정가 주문에 우선하여 매매가 체결되므로 100% 주문체결이 보장되기 때문에 미체결상태가 없습니다. 한국거래소의 시장가 주문에 대한 정의는 다음과 같습니다.

· 시장가 주문은 종목과 수량은 지정하되, 가격은 지정하지 않는 주문유형으로 현시점에서 가장 유리한 가격조건 또는 시장에서 형성되는 가격으로 즉시 매매 거래를 하고자 하는 주문을 말함. 따라서 시장가 주문은 지정가 주문에 우선하여 매매체결이 되고, 주문 수량 전량이 해소될 때까지 가장 우선하는 상대방 주문부터 순차적으로 체결이 되는 주문방식임.

(지정가 주문)

지정가 주문은 투자자가 원하는 가격으로 주문하는 것을 말하며, 지정가 주문은 시장가 주문보다 늦게 체결됩니다. 한국거래소가 정의한 지정가 주문에 대해 살펴보겠습니다.

· 지정가 주문은 종목, 수량, 가격을 투자자가 지정하는 가장 일반적인 주문형태로 투자자가 지정한 가격 또는 그 가격보다 유리한 가격으로 매매거래를 하고자 하는 주문방식임. 따라서 지정가격은 매매거래가 가능한 가격의 한도를 의미하므로 매수주문의 경우, 지정된 가격이나 그보다 낮은 가격, 매도주문의 경우, 지정한 가격이나 그보다 높은 가격으로 체결이 이루어짐.

〈시장가 주문과 지정가 주문〉

구분	시장가 주문	지정가 주문
주문방법	수량만 지정	가격, 수량 지정
체결가격	호가 주문 잔량에 따라 다름	주문가 또는 그보다 유리한 가격
장점	신속한 체결	원하는 가격으로 체결
단점	불리한 가격체결 가능성	체결이 안 될 수 있음

(조건부 지정가 주문)

주식 주문은 정규장 시간인 오전 9시부터 오후 15시 20분까지 호가를 지정하는 지정가 주문이 가능하지만, 지정가로 주문한 호가가 15시 30분까지 체결되지 않으면 장이 종료되는 15시 30분에 그날 종가로 자동 체결되는 주문방식입니다.

(동시호가 주문)

동시호가는 정규장이 시작하기 전인 (i) 8시 30분부터 9시까지, (ii) 장 종료 10분 전인 15시 20분부터 15시 30분까지 이루어지며, 급격한 주가 변동으로 서킷브레이커가 발동되거나 단기 과열 종목이나 투자위험 종목 등으로 지정된 경우에도 동시호가가 적용됩니다. 동시호가는 장이 시작되기 전이나 장이 마감하기 전, 급격한 주가 변동 등과 같은 특수한 상항에서 갑작스러운 주문 폭주나 대량주문 등으로 주가의 왜곡과 이로 인한 시세 차익이 발생 될 수 있어 이를 방지하기 위해 단일가격으로 매매가 이루어집니다.

두 번째 원칙은 시간 우선 원칙입니다. 시간 우선 원칙은 같은 가격으로 주문이 있으면, 접수된 시간 순서대로 주식이 체결되는 것을 말합니다. 물론 다른 가격으로 주문한 경우는 가격 우선의 원칙이 적용되기 때문에 시간 우선의 원칙은 적용되지 않습니다. 따라서 이 원칙은 같은 가격에 접수 시간 순서에 따라 먼저 접수된 주문 호가를 나중에 접수된 주문 호가에 우선하여 처리한다는 원칙을 말합니다.

세 번째는 수량 우선의 원칙입니다. 주식 주문이 가격, 그리고 시간까지 같은 경우는 수량이 큰 쪽을 우선으로 체결시키는 원칙입니다. 이는 수량이 큰 주문 전체를 체결한다는 것이 아니라 주문 수량을 안분하여 일부 체결을 한다는 의미입니다. 이 원칙은 동시호가(단일가 매매)에 적용됩니다.

네 번째는 위탁매매 우선 원칙이 있습니다. 이 원칙은 같은 가격, 같은 시간, 같은 물량의 주문인 경우는 개인투자자의 주문을 외국인이나 기관투자자의 주문에 우선하여 체결시킨다는 원칙입니다. 하지만, 이 원칙이 실제 적용되는 경우는 그리 많지 않다고 합니다.

8 급등 · 급락하는 때, 조절장치가 있다

주식시장이 갑자기 급등하거나 급락하는 때 투자자를 보호하기 위해 주식시장 거래를 일시적으로 중단하는 제도가 있습니다. 서킷브레이커(Circuit Breakers)는 전기 회로에서 과열된 회로의 전기를 차단하는 장치로서 주식시장에서도 이를 빗대어 주가가 갑자기 급락하는 경우, 시장에 미치는 충격을 완화하기 위하여 주식매매를 일시 정지하는 용어로 사용되는 주식거래 중단제도입니다. 이 제도는 현물 주식이 폭락할 때 거래를 일시 정지함으로써 투자자가 해당 시간 동안 잠시 숨 고르기를 하면서 평정심을 유지할 수 있도록 한 것입니다.

한국거래소는 2020년 3월 19일 목요일 오후 12시 5분, 유가증권시장 1단계 서킷브레이커를 발동하였습니다. 이날 발동된 서킷브레이커는 3월 13일에 이은 두 번째이며, 역사적으로는 다섯 번째로 발동되었습니다. 한국거래소는 코스피지수가 전일 1,591.20포인트에서 1,461.51포인트로 8.15% 하락하자 유가증권시장에 상장된 주식, ETF, 주식 관련 선물 · 옵션 등 채권을 제외한 모든 종목의 매매를 20분간 중단하였습니다.[10] 또한, 한국거래소는 같은 시각 코스닥 시장 1단계 서킷브레이커를 3월 13일에 이어 두 번째로 발동했는데, 이는 역사적으로 아홉 번째로 발동된 것입니다. 이날 코스닥지수는 전일 485.14포인트에서 444.81포인트로 8.31%가 하락하면서 발동되었습니다.[11]

10) 근거는 한국거래소 유가증권시장업무규정 제25조 및 동 세칙 제39조입니다.
11) 근거는 한국거래소 코스닥시장업무규정 제26조 및 동 세칙 제31조입니다.

〈서킷브레이커 발동 현황〉

구분	회차 및 일자	주요 원인
코스피	① 2000.4.17	미 증시 하락
	② 2000.9.18	미 증시 하락 및 유가 급등
	③ 2001.9.12	미 9.11 테러
	④ 2020.3.13	코로나 19
	⑤ 2020.3.19	미 증시 하락 및 코로나 19
코스닥	① 2006.1.23	미 증시 하락
	② 2007.8.16	서브 프라임 모기지 부실
	③ 2008.10.23	글로벌증시 급락
	④ 2008.10.24	글로벌증시 급락
	⑤ 2011.8.8	미 신용등급 하락
	⑥ 2011.8.9	미 신용등급 하락
	⑦ 2016.2.12	글로벌 증시 하락
	⑧ 2020.3.13	코로나 19
	⑨ 2020.3.19	코로나 19

〈출처 : 한국거래소 보도자료, 2020.3.19.〉

서킷브레이커의 기원은 미국입니다. 미국의 다우지수가 1987년 10월 19일 단 하루 만에 22.6%가 폭락하는 최악의 사태가 발생하였습니다. 이날이 월요일이었기에 사람들은 이를 블랙 먼데이라고 부르고 있습니다. 뉴욕증권거래소(NYSE)는 이러한 폭락을 계기로 1987년 10월 19일 처음으로 서킷브레이커를 도입하였습니다. 우리나라 유가증권시장은 1998년 12월 7일 주식매매 가격제한폭이 상하 15%로 확대되면서 이 제도가 도입되었고, 코스닥은 2001년 10월 15일 도입되었습니다. 2015년 6월 15일에는 주식의 가격변동이 상하 30%로 확대되면서 현재의 3단계 서킷브레이커제도가 정착되었습니다.

〈서킷브레이커 단계별 개시조건 및 효과〉

<table>
<tr><th>구분</th><th>개시조건</th><th>개시 효과</th></tr>
<tr><td>1단계</td><td>지수가 전일 종가보다 8% 이상 하락 후 1분간 지속</td><td rowspan="2">(ⅰ) 20분 동안 현물, 파생상품 시장의 호가 접수 및 거래 중단
(ⅱ) 거래재개 이후 단일가 매매</td></tr>
<tr><td>2단계</td><td>1단계 이후 지수가 전일 종가보다 15% 이상 하락하고, 1단계 대비 1% 추가 하락 후 1분간 지속</td></tr>
<tr><td>3단계</td><td>2단계 이후 지수가 전일 종가보다 20% 이상 하락하고, 2단계 대비 1% 추가 하락 후 1분간 지속</td><td>당일 현물(주식), 파생상품 시장의 모든 매매 종료</td></tr>
</table>

투자자 심리는 주식시장에서 주가를 형성하는 중요한 요소 가운데 하나입니다. 만약 누군가가 주식시장급락에 따라 매도를 시작하면, 다른 투자자들 역시 공포에 질려 연쇄적으로 무차별 매도를 함으로써 주가는 더 큰 하락으로 이어지는 악순환이 발생합니다. 이때 서킷브레이커는 투자자가 과열된 시장에서 이성을 되찾도록 잠시 숨 고르는 시간을 제공하여 과열된 시장을 잠시 멈추게 하는 제도로서 하루에 1회씩 단계별로 총 3번이 가능하며, 장 종료 40분 전인 2시 50분 이후에는 작동하지 않습니다.

이번에는 사이드카(Side Car)에 대해 알아보겠습니다. 사이드카는 도로변에 잠깐 차를 세우는 것을 말하며, 선물시장이 위·아래로 심하게 움직이는 급변하는 상황일 때, 작동함으로써 과열된 주식시장을 진정시키기 위한 제도입니다. 이는 운전자가 잠시 도로변에 차를 멈추고 휴식을 취하는 것처럼, 과열된 선물시장이 폭등하거나 폭락할 때 작동합니다. 사이드카는 선물시장의 급등락에 따른 현물 주식시장의 혼란을 막고자 도입되었으며, 장 종료 40분 전인 2시 50분부터는 발동이 금지되며, 하루에 한 번만 가능합니다. 사이드카는 선물시장에서 거래량이 가장 많은 선물가격이 코스피는 상하 5%, 코스닥의 경우, 상하 6% 이상의 변동 상태가 1분 이상 지속 되면, 기관투자자나 외국인이 대량으로 매매하는 프로그램 매매[12]가 5분간 중단됩니다. 다만, 개인투자자의 거래는 제한하지 않아 서킷브레이커에 비해 효과는 적다고 하겠습니다.

12) 프로그램 매매는 선물과 주식 현물 간의 가격 차이를 이용해 기관투자자나 외국인이 대량으로 동시에 매매하는 기법입니다. 개인투자자는 한 종목 한 종목 주식매매가 일반적입니다. 하지만, 기관투자자는 대량으로 한꺼번에 여러 종목을 매매할 필요가 있습니다. 그래서 미리 일정한 조건을 컴퓨터에 입력해놓고, 컴퓨터가 자동으로 여러 종목을 사거나 팔도록 해놓습니다. 이러한 매매기법을 프로그램 매매라고 하는데, (i) 주식 15개 종목 이상을 동시에 거래하는 비차익거래와 (ii) 코스피지수를 구성하는 종목(현물바스켓 주식)과 코스피선물·옵션과의 가격 차이를 이용한 차익거래, 두 종류가 있습니다.

9 주가 하락 일등공신

공매도는 현재 주가가 높은 기업을 매도하여 수익을 극대화하는 전략을 취하기 때문에 주가를 하락시키는 원인으로 지목되어 개인투자자에게 공분을 사고 있습니다. 코로나로 촉발된 주가 급락으로 잠시 중단되었던 공매도가 2021년 5월 3일부터 코스피200과 코스닥150 지수를 구성하는 종목으로 한정하여 재개되었습니다. 최근에도 주가가 하락을 거듭하자 정부는 2023년 11월 6일부터 코스피, 코스닥, 코넥스 등 전 종목에 대해 2024년 6월 30일까지 공매도를 전면 금지하였습니다. 이번 조치는 우리나라 주식시장 역사상 네 번째로 공매도를 금지한 것으로서 기관투자자, 외국인과 개인투자자 사이에 조성된 소위 기울어진 운동장 해소를 위해 현행 공매도 제도를 개선하기 위해서입니다. 대체 공매도가 무엇이길래 개인투자자가 이토록 반대의 목소리를 높이는 것일까요?

공매도는 주가가 하락하여야 수익이 나기 때문에 주가 하락을 일으키는 주범 중 하나로 꼽히고 있습니다. 주식거래에서 매수는 Long, 매도는 Short이라 합니다. 주식의 여러 운용전략 가운데 하나가 Long-Short 전략으로 오를 것으로 예상하는 주식은 매수하고, 내릴 것으로 예상하는 주식은 매도합니다. 그런데 공매도는 앞으로 주가가 하락할 것으로 예상하는 종목을 선정하고 증권회사로부터 해당 주식을 차입하여 매도한 다음 일정 시간이 지나서 그 주식을 시장에서 매수하여 상환합니다. 이러한 공매도 전략은 주로 기관투자자, 헤지펀드나 외국인이 이용하는 운용전략 중 하나입니다.

예를 들어, 미국의 바이든 정부가 추진하는 클린에너지 정책에 힘입어 태양열이나 지열, 풍력에너지 관련 기업이 많은 투자자로부터 주목을 받으면서 연일 주가가 오르고 있지만, 전고점을 지나 주가 하락이 예상된다고 가정해 보겠습니다. 이때 이들 기업에 자기자본 하나 없이 수익을 꾀하는 방법이 바로 공매도 전략입니다. 지금 10,000원 하는 주식 10주를 시장에서 매수하기 위해서는 100,000원이 필요합니다. 하지만, 공매도는 증권회사에서 주식 10주를 빌려 100,000원에 매도하고, 나중에 해당 주식이 10,000원보다 가격이 하락하면 매수하여 상환하면 되기 때문에, 해당 주식이 하락할수록 그 차이만큼 수익이 발생하는 구조입니다. 기관투자자 등이 공매도를 위해 필요한 비용은 해당 주식을 증권회사로부터 빌리면서 내는 대차 수수료뿐입니다.

투자자가 매수한 주식은 증권회사 계좌에 보관됩니다. 증권회사는 증권예탁원에 예탁자계좌부를 가지고 있고, 투자자의 주식은 개별계좌에 입고되어 투자자별로 관리가 이루어집니다. 공매도는 투자자 계좌에 있는 주식을 공매도를 원하는 기관투자자나 외국인에게 빌려주는 것입니다. 이때 증권회사는 주식을 빌려주면서 수취한 수수료 일부를 개인투자자에게 지급합니다. 2021년 1월 증권업계에 따르면, 공매도 물량으로 사용되는 주식은 개인투자자가 보유하는 주식에서 나오며, 이러한 규모는 20조 원을 넘어선다고 합니다.[13)]

개인투자자는 공매도 메커니즘이 주가를 하락시키는 원인을 제공하기에 반대합니다. 외국인 투자자는 증권회사로부터 얼마간의 대차 수수료를 내고 빌린 주식을 매각하고 일정 기간이 지나 해당 주식을 다시 사서 갚으면 되기 때문에, 공매도를 반대할 이유가 없습니다. 개인투자자가 공매도를 투자전략으로 하기는 쉽지 않습니다. 개인투자자는 기관투자자처럼 주식을 빌리기가 쉽지 않을뿐더러 공매도 조건 역시 상대적으로 불리합니다. 그래서 공매도를

13) 머니투데이, 공매도의 중심, 리테일풀의 비밀(2021.1.11.).

기울어진 운동장이라 일컫는 것입니다. 이 표현은 공매도 전략이 외국인과 기관투자자 등에게만 유리하고 개인투자자에게는 불리하게 적용되므로 운동장에서 게임을 하는 상대방으로서 애초 싸움이 되지 않는다는 의미로 사용됩니다. 이로 인해 공매도를 원천적으로 금지해야 한다는 개인투자자의 요구가 많은 상황입니다. 다만, 공매도의 전면금지는 FTSE나 MSCI와 같은 선진국 지수에서 우리나라가 배제될 수 있고, 롱-숏(Long-Short) 투자기법을 적극적으로 사용하는 글로벌 투자자금의 이탈을 가져올 수 있다는 점에서 신중한 결정이 필요하다는 반론이 있을 수 있습니다. 공매도는 가격 결정의 효율성을 높이고 유동성을 늘리는 등의 순기능도 일부 있기에 기울어진 운동장을 바로잡아 개인투자자의 참여를 확대하는 정책도 고려해 볼 필요가 있습니다. 또한, OECD 국가 중에도 공매도를 금지하는 국가가 없다는 점은 공매도의 전면금지는 글로벌 투자시대에 걸맞지 않다고 할 수 있습니다. 이런 점에서 정부가 2024년 상반기까지 공매도를 전면금지하고 공매도 제도의 개선을 추진한다고 하니 앞으로의 변화를 주의 깊게 살펴보아야 할 것입니다.

10 배당권리가 사라지는 배당락

배당이란 회사가 1년 동안 벌어들인 영업이익에서 인건비, 법인세와 경비 등을 제하고 발생한 순이익을 주주에게 나누어주는 것을 말합니다. 이러한 배당은 현금배당과 주식배당의 형태로 이루어집니다. 회사는 이윤이나 흑자 시 사업 확장을 위해 현금을 이익잉여금으로 쌓거나 이익 일부를 주주에게 나누어줍니다. 배당은 회사에 따라 현금이나 주식을 3개월, 6개월 혹은 1년 단위로 주주들에게 분배합니다. 배당수익률이 높을수록 주가가 낮음을 알 수 있는데, 이는 현재의 시장가격인 주가를 배당금으로 나눈 값이 배당수익률이기 때문입니다.

주식은 매일 사자와 팔자가 반복적으로 이루어지기 때문에 회사의 주인이 수시 바뀌게 됩니다. 회사가 주주에게 배당금을 지급하기 위해서는 누가 주식 몇 주를 가지고 있는가를 알고 있어야 하는데, 사실상 알기가 어렵습니다. 왜냐하면, 주식매매는 대량으로 매일 발생하여 주주가 수시로 변경되기 때문입니다. 그래서 회사는 배당금을 받을 주주를 확정하기 위해 특정일을 기준일로 지정하여 그날까지 주식을 보유하는 주주에게 배당금을 지급하고 있습니다. 이러한 배당기준일이 지나 배당금을 받을 권리가 사라진 날을 배당락일이라 합니다. 보통 주가는 배당금을 받지 못하는 배당락일 다음날에는 예상되는 배당금만큼 하락하는 경향이 있습니다.[14]

14) 매일경제, 멀쩡하던 회사 주가가 갑자기 5% '뚝' ... 투자자들 사상 첫 '벚꽃 배당락'에 혼란 (2024.3.27.).

2022년 주식시장을 예로 보겠습니다. 2022년 증시 폐장일은 12월 29일이었습니다. 주식시장은 매년 12월 마지막 영업일 전날을 폐장일로 정하고 있습니다. 배당기준일이 그해 증시 폐장일 이틀 전인 이유는 주식 매수 시 이틀 후에 현금결제가 이루어지기 때문입니다. 예를 들어, 12월 27일에 주식을 매수하면 내 계좌에서는 이틀 뒤인 12월 29일에 돈이 빠져나갑니다. 투자자가 증시 폐장일 이틀 전인 12월 27일까지는 주식을 매수하여야 주주로서 배당을 받을 수 있기에 이날이 배당기준일이 됩니다. 배당락일은 그해 배당받을 권리가 없어지는 날을 뜻하므로, 만약 12월 28일에 주식을 샀다면, 그 이듬해인 2023년 1월 2일에 현금결제가 이루어지기 때문에 2022년도 배당을 받을 수 있는 권리가 없어지는 것입니다. 따라서 투자자가 12월 28일에 주식을 사더라도 배당금을 받을 권리가 사라져, 이주가는 예상되는 배당금만큼 조정을 받게 됩니다. 그래서 12월 27일이 배당기준일, 다음날 12월 28일이 배당락일이 됩니다.

배당금 규모를 결정하는 회사의 정기주주총회는 결산일로부터 3월 이내에 개최합니다. 예를 들어, 12월 결산법인은 3월까지, 6월 결산법인은 9월까지 주주총회를 개최하여야 합니다. 배당금은 정기주주총회에서 확정되어 1개월 이내에 지급되어야 하므로 4월이면 증권계좌에 입금됩니다.[15)]

지금까지 배당기준일은 매년 증시폐장 이틀 전이었습니다. 재미있는 사실은 1년 내내 회사 주식을 가지고 있더라도 배당기준일에 그 주식을 파는 사람은 배당을 받지 못한다는 사실입니다. 반대로 배당기준일 단 하루만 가지고 있다가 다음날 팔더라도 그 사람은 배당을 받을 수 있습니다. 왜냐하면, 모든 배당은 배당기준일로 정하고 있기 때문인데, 어찌 생각하면 주식을 단 하루 소유한 것으로 배당을 받을 수 있다는 점에서 공평하지 못할 수도 있다고 생각할 수 있지만, 배당락일 주가는 배당금만큼 조정을 받기 때문에 사실 공평하다 할 수 있습니다. 또한, 배당액을 얼마 받을지 모르는 상태에서 투자하고, 몇

15) 배당금은 15.4%의 배당소득세(국세 14%·지방소득세 1.4%)가 원천 징수됩니다.

개월 후 이루어지는 배당금 수령이 과연 합리적인가 하는 의심을 가질 수 있습니다.

〈현행 우리나라 기업의 배당절차〉

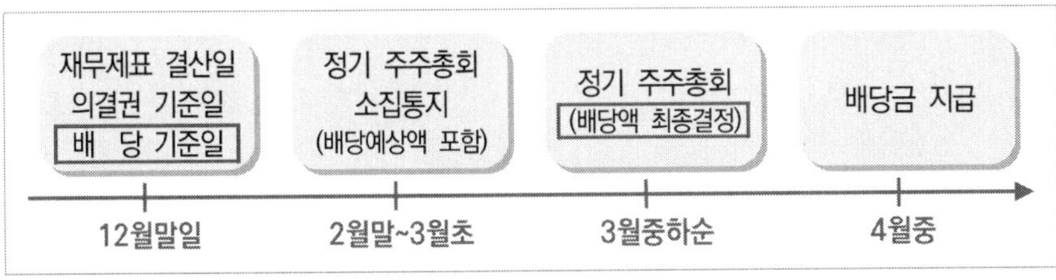

〈출처 : 금융감독원, 2023.2.〉

금융당국은 현재의 배당정책이 매년 증시폐장 이틀 전에 확정되는 배당기준일에 배당금이 얼마 지급될지 알 수 없는 불합리함을 개선하고자 투자자가 주주총회에서 확정된 배당금을 보고 투자할 수 있도록 소위 선 배당액 확정, 후 배당기준일 확정으로 변경하여 2023년 결산기부터 시행하기로 하였습니다. 앞으로는 투자자가 확정된 배당금을 확인하고 투자를 할 수 있게 되면서 고배당 정책의 회사 주가가 상대적으로 높게 형성되지 않을까 예상해 봅니다.

한편, 배당률과 배당 성향은 어떻게 계산할까요? 배당률은 현재 주가와 배당금액에 따라 달라집니다. 배당률은 주가가 하락할수록 높아집니다. 예를 들어, 현재 주가가 10,000원이고 배당금이 1,000원이라면 이 회사의 배당률은 10%가 됩니다. 만일 주가가 9,000원으로 하락하면 이 회사의 배당률은 11.1%가 됩니다. 배당 성향은 회사가 벌어들인 순이익에서 주주에게 배당금을 얼마 지급하는가를 비율로 나타냅니다. 배당 성향은 높을수록 회사가 벌어들인 돈을 주주에게 나누어주려는 경향이 강합니다. 회사가 100억 원의 순이익에서 70억 원은 이익잉여금으로 쌓아 두고, 30억 원을 배당금으로 지급한다면 이 회사의 배당 성향은 30%가 됩니다.

〈최근 주요국 배당 성향(배당금/당기순이익)〉

연도	한국	미국	영국	독일	프랑스	일본
2017	14.9	51.2	83.4	45.6	53.7	30.7
2022	20.1	40.5	45.7	40.8	39.3	36.5

〈출처 : 블룸버그〉

최근 주요국의 배당 성향을 보면 우리나라가 다른 주요 국가보다 낮음을 알 수 있습니다. 이러한 낮은 배당 성향이 우리나라 증시를 낮게 평가하는 한 요인으로 작용하고 있다고 합니다. 앞으로는 개선된 배당정책과 높은 배당 성향으로 우리나라 증시가 한 층 더 발전하는 계기가 되었으면 합니다.

11 권리, 포기하다

회사는 신규 사업에 진출하거나 설비확장을 위한 자금이 필요한 경우, 새로운 주식인 신주를 발행하는 증자를 통해 자금을 조달합니다. 회사는 증자가 결정되면 제일 먼저 증자에 참여할 주주를 확정하여야 합니다. 회사 주식을 이미 소유하고 있는 투자자는 당연히 신주를 받을 수 있는 권리인 신주인수권이 있고, 회사 주식을 가지고 있지 않은 투자자라면 회사가 정한 기준일까지 주식을 매수하여 보유하여야 합니다. 물론 기존 주주가 증자에 반드시 참여할 필요는 없습니다. 이는 주주의 권리이지 의무가 아니기 때문입니다. 이때 증자에 참여할 수 있는 주주의 권리가 특정 기준일에 없어지는 것을 권리락이라 합니다.

우리나라 주식의 결제일은 매수 후 이틀이 지난날입니다(T + 2일). 증자에 참여하길 원하는 투자자는 이전에 주식을 보유하는 것과 관계없이 증자 참여가 가능한 신주배정기준일 이틀 전까지 주식을 매수하면 됩니다. 즉, 주식을 매수하면 이틀 뒤에 현금결제가 이루어지기 때문에, 신주배정기준일 전일이 권리락일이 됩니다. 권리락일은 신주를 받을 권리가 없어지고 난 후 거래되는 첫날을 의미합니다. 예를 들어, 1월 13일 신주배정기준일에 유상증자가 있다면 유상증자를 받기 위해서는 적어도 1월 11일까지 주식을 매입하여야 합니다. 만일 1월 12일에 주식을 매수하면 해당 주식의 결제가 1월 14일에 이루어지므로 유상증자를 받을 수 없게 됩니다. 일반적으로 신주의 수가 유상증자로 늘어나면 주식 가치는 신주 가격을 기준으로 낮게 조정됩니다. 따라서 권리락이 발생하면 해당 주식의 1월 13일 주가와 1월 14일의 주가는 달라집니다. 이는 1월 13일에는 신주를 받을 권리가 사라졌기 때문에 해당 주식의 가격에 이를 반영시키므로 가격이 하락하게 됩니다. 이는 회사의 가치는 그대로인데 증자로 인해 주식 수만 늘어났기 때문입니다. 이처럼 권리락은 주주간 형평성을 위해 주가가 조정을 받는다는 점 투자 시 유의하여야 합니다.

유상증자와 무상증자가 주가에는 어떤 영향을 미칠까요? 유상증자가 회사의 시설 확충이나 인수·합병을 위한 것이라면 주가에 긍정적인 영향을 미칠 수 있습니다. 반면, 유상증자의 목적이 채무상환을 하거나 회사 운영자금 등으로 사용된다면 주가에 부정적인 영향을 미칠 수 있습니다. 절대 수익을 추구하는 헤지펀드는 이러한 기업의 유·무상증자를 좋은 투자기회로 보고 주식을 매수하거나 차입 후 매도하는 이벤트드리븐 전략을 사용합니다.

12 주식 액면을 여러 개로 나누는 액면분할

회사는 주식을 발행할 때 액면가와 발행가를 정할 수 있습니다. 액면가란 회사가 최초로 주가를 발행할 때 주권 표면에 적혀 있는 가격을 말하는 것으로 100원에서 5,000원까지 자유롭게 정할 수 있으며, 일반적인 액면가는 1주당 5,000원입니다. 발행가란 주식을 증자하여 발행하거나, 또는 처음에 주식시장에 주식을 상장할 때의 발행가격을 말합니다. 시장가란 해당 주식이 주식시장에서 매일 거래되는 가격을 말합니다. 따라서 발행가와 시장가는 액면가보다 높은 것이 일반적입니다.

2018년에 삼성전자, 네이버, 2021년에는 카카오가 주식의 액면가격을 나누는 액면분할을 하였습니다. 액면분할은 말 그대로 액면가 주식을 나누어 쪼개는 것을 말합니다. 예를 들어, 어떤 주주가 액면가 5,000원의 주식을 보유하고 있는데, 이 주식을 2:1로 분할을 하게 되면, 주주는 2,500원 주식 2주를 받게 됩니다.

〈액면분할 사례〉

구 분	액면분할 전	액면분할 후
보유 주식 수	1주	2주
1주 가격	5,000원	2,500원
평가 가격	5,000원	

그런데 회사는 왜, 비용을 들여가며 주식을 나누는 액면분할을 하고자 할까요? 가장 큰 이유는 (i) 액면분할은 발행주식 수를 기존 수보다 늘림으로써 거래량이 늘어나는 효과로 유통하는 주식 수가 증가하기 때문입니다. (ii) 회사의 주가가 너무 높다 보면 투자자들이 부담을 느끼는 나머지 쉽게 투자하기가 어렵습니다. 이때 회사는 이사회를 통해 분할 비율을 결정하여 발행주식 수는 늘리고, 주가를 낮추어 투자자들이 쉽게 투자를 할 수 있게 액면분할을 하게 됩니다. 개인투자자는 액면분할로 늘어난 발행주식 수의 증가로 예전보다 소액으로도 투자할 수 있다는 점에서 거래량이 늘어나는 장점이 있습니다. 반면, 늘어나는 거래량으로 오히려 주가 움직임이 위 · 아래로 커지게 되면서 액면분할이 있기 전 기존의 좋았던 이미지가 퇴색하면서 양호한 기업 실적에도 주가에는 좋지 않은 영향이 미칠 수 있다는 점입니다.

삼성전자 사례를 살펴보겠습니다. 삼성전자는 1975년 6월 11일 액면가 5,000원으로 상장되었습니다. 삼성전자의 주가는 실적을 바탕으로 계속 상승하다 2017년 11월 2일 일반 회사원의 한 달 급여와 맞먹는 사상 최고치인 2,876,000원을 기록하였습니다. 삼성전자는 2018년 1월 31일 이사회를 개최하고 주주가치를 높이는 조치의 하나로 상장 때부터 고수하던 액면가 5,000원을 액면가 100원으로 하는 50:1 분할 결정을 하였습니다. 그 결과 현재는 유통주식 수가 늘어나고 활발하게 거래가 이루어지고 있습니다. 다음은 2024년 3월 29일 삼성전자의 주가 현황입니다.

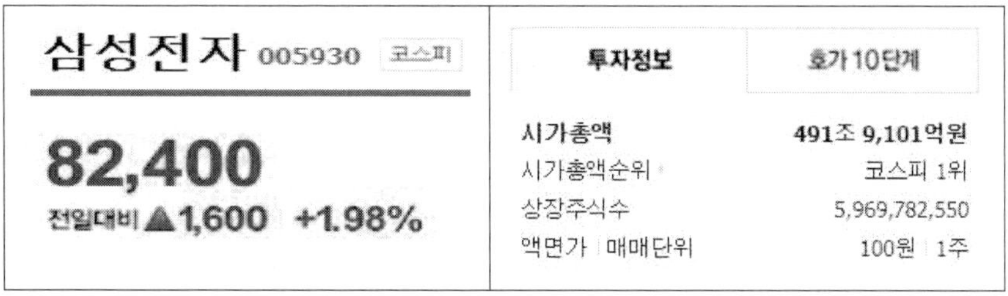

〈출처 : 네이버〉

삼성전자의 이러한 액면분할은 투자자가 낮은 가격으로 삼성전자에 투자할 수 있게 되면서 삼성전자의 주가는 액면분할의 긍정적인 효과를 거두었다고 볼 수 있습니다. 다만, 주가는 액면분할이라는 일시적인 이벤트에 영향을 받기보다는 궁극적으로 회사의 매출액, 영업이익, 순이익 등에 결정되므로 액면분할과 같은 일시적 이벤트에 휘둘릴 필요는 없다 하겠습니다.

13 내 스타일에 맞는 주식투자는

사람은 자신만의 스타일이 있어 어떤 것은 좋고, 어떤 것은 싫어하는 경향이 있습니다. 예를 들어, '나는 매운 음식이 좋아, 나는 국수가 좋아'하는 것처럼, 주식 역시 본인의 취향에 맞는 주식이 있습니다.

주식이라면 다 같은 것이 아닌가요? 반은 맞고 반은 그렇지 않습니다. 사람들은 사물을 같은 부류 혹은 다른 부류로 나누고 분류하는 것을 즐겨 합니다. 투자자는 주식을 성장주 vs 가치주 vs 배당주, 대형주 vs 중 · 소형주 등으로 나누고 서로 비교합니다. 이는 분류한 사물을 서로 비교함으로써 어떤 것을 잘했고, 어떤 것은 잘하지 못했는가를 살펴보고 같은 실수를 반복하지 않기를 바라는 마음이라 생각합니다. 이런 점에서 주식도 여러 기준에 의한 분류를 통해 쉽게 성과를 비교할 수 있는 등 투자자가 이런 구분법을 이의 없이 받아들일 수 있도록 권위 있는 기관이 객관적 기준과 일관성을 가지고 실행하는 것이 필요하다 하겠습니다.

보통 주식은 성장주와 가치주, 배당주, 대형주 · 중소형주로 구분합니다. 마치 음식점에 가면 다양한 음식 메뉴가 있는 것처럼 주식이란 메뉴에도 성장주, 대형주 등이 있는 셈입니다. 어떤 사람은 성장주를, 어떤 사람은 대형주를 선호합니다. 그러나 이러한 선호는 어느 주식이 좋은 주식이고, 어떤 주식은 좋지 않은 것이라 편을 나누고자 하는 것은 아닙니다. 주식이 성장주이던 혹은 가치주이던 것과 관계없이 주식투자는 오직 본인의 판단과 책임하에 이루어져야 한다는 것이 아주 중요합니다. 주식은 싸게 사서 비싸게 팔면 이익이 발생합니다. 그러나 주식을 언제 사고팔아야 하는가는 누구도 알 수 없는 영역입니다. 그래서 투자자는 어떻게 하면 본인에게 수익을 안겨줄 좋은 주식을 어느 때에 사서 어느 때에 팔아야 투자수익을 극대화할 수 있을까에 몰두하게 됩니다.

성장주에 투자하는 투자자는 미래에 기업가치가 계속 상승하여 시장을 주도할 것이라 믿고 투자함으로써 수익 극대화를 추구합니다. 예를 들어, 향후 미래 성장산업으로 여겨지는 AI 인공지능, IT 기반의 플랫폼 기업, 빅 데이터를 기반으로 하는 자율주행 자동차산업과 2차 전지, 반도체산업, 제약·바이오 등이 이에 해당합니다. 성장주를 좋아하는 투자자는 현재의 가치보다 미래성장 가능성과 가치에 방점을 두고 투자하는 스타일이라 하겠습니다.

가치주는 기업이 거둔 실적이나 보유 자산의 가치가 지금 시장에서 낮은 평가를 받아 상대적으로 주가가 높지 않은 주식을 말합니다. 그럼, 해당 주식을 평가할 때 어떤 기준으로 주식이 저평가 혹은 고평가되었다고 할 수 있을까요? 가장 많이 사용되는 지표가 주가수익비율(PER, Price Earning Ratio)입니다. 주가수익비율은 기업의 주가를 1주당 순이익인 주당순이익(EPS, Earning Per Share)으로 나눈 것으로 현재 주가가 주당순이익의 몇 배가 되는지를 보여줍니다. 예를 들어, 주가가 20,000원이고 주당순이익이 10,000원이라면 주가수익비율은 2가 되며, 이론적으로 해당 기업의 순이익을 2년간 모으면 그 기업을 살 수 있다는 것을 뜻합니다. 따라서 주가수익비율이 낮으면 기업 이익 규모와 비교하여 주가가 낮은 것으로, 반대로 높으면 이익 규모와 비교하여 주가가 높다 여겨집니다. 가치주를 선호하는 투자자는 이런 지표를 활용하여 미래의 기업가치와 현재의 주가를 비교하여 가격이 낮다고 판단되면 해당 주식을 매수하는 것이므로 투자대상이 되는 주식은 주가수익비율이 비교적 낮은 기업군에 속해 있을 가능성이 크다고 볼 수 있습니다. 다만, 주의할 점은 가치주 투자가 항상 성공을 보장하는 것은 아니라는 점과 기업별 영위 업종에 따른 기업 혹은 산업의 차이점을 간과하고 단순하게 주가수익비율만으로 나타난 수치로 기업가치가 높다거나 혹은 저평가라는 단정적인 판단은 곤란하다는 점입니다. 따라서 특정 기업의 주가수익비율이 높다·낮다는 해당 기업이 속한 업종평균과 업종을 선도하는 대표적인 기업의 주가수익비율과도 비교하는 등 다양한 관점에서 해석해 볼 필요가 있겠습니다.

그렇지만, 이러한 성장주·가치주의 분류에도 불구하고 명심할 점은 주식 투자는 정해진 모범답안이 없다는 것입니다. 그래서 가능하다면, 투자자는 매일 조금씩 시간을 낸 투자 공부로 본인만의 투자원칙과 확신을 만들어가야 합니다. 본인의 판단에 의한 확신이 아닌 남의 말, 주로 유튜버, 주식방송, 주위 동료들의 말만 듣고 투자에 신중을 다 하지 않고 쉽게 돈을 벌면 그만이라는 묻지마·부화뇌동식의 투자를 하게 된다면, 조금만 주식이 하락하더라도 근심 걱정으로 일상생활에 지장이 올 수도 있다는 점을 명심하여야 합니다.

이번에는 주식 시가총액에 따른 분류법을 보겠습니다. 주식을 대형주, 중형주, 소형주로 구분하는 방법은 시가총액입니다. 대형주는 시가총액 1위에서 100위까지의 기업을, 중형주는 101위에서 300위까지, 301위부터는 소형주로 구분합니다. 일반 기업의 대기업과 중소기업의 구분은 일하는 종업원의 숫자나 매출액, 자본금 규모 등 여러 기준으로 나눌 수 있습니다. 그런데 주식시장은 이와 다르게 기업의 크기를 시가총액에 의해 구분하고 있습니다. 개별 기업의 시가총액은 개별 기업의 주가와 발행주식 수를 곱한 것으로 해당 기업의 규모와 가치를 나타냅니다. 시가총액이 크다는 뜻은 기업의 실적뿐 아니라 미래성장에 대한 기대도 크다는 것을 의미합니다. 일반적으로 기업의 이익이나 자산이 클수록 시가총액도 높아지지만 그렇다고 하여 반드시 주가가 이를 적절하게 반영한 것으로 여기는 절대적인 기준이 아니라는 점을 알아야 합니다. 우리나라 유가증권시장인 코스피의 시가총액도 개별 기업의 시가총액을 계산하는 방법과 같습니다. 우리나라 증권시장에 상장된 모든 주식에 현재의 시가를 곱한 뒤에 이를 모두 합쳐서 구하게 됩니다. 우리나라 주식시장

전체의 시가총액은 우리나라의 증권거래 규모를 알 수 있는 중요한 경제 지표입니다.

이제 여러분은 나에게 맞는 주식이 어떤 주식인가 찾았는지 모르겠습니다. 주식 스타일에 따라 본인에게 돈을 불려줄 수 있는 그런 주식을 찾기 바랍니다.

14 공포와 탐욕 사이

만약에 우리가 주식투자를 결정하기 전에 주식시장 움직임을 미리 알 수만 있다면 얼마나 좋을까요? 주식시장에는 주가 움직임을 사전에 예측할 수 있는 전조증상들이 있습니다. 물론 예언이 아닌 예측에 불과합니다. 예를 들어, 소비자물가지수나 수출입 동향, 기업의 예상 영업이익, 매출 증가, 환율, 금리 움직임이 그렇습니다. 이러한 전조증상들 가운데 하나가 투자자의 투자심리를 숫자로 표현하는 공포와 탐욕이라는 지수가 있습니다. 이는 주식시장의 변동성을 지수로 바꾸어 표시한 것으로 투자자의 투자심리를 주로 나타냅니다. 공포지수는 주가지수가 급락하는 때 급등하며 반대로 주가지수가 급등하는 때에는 급락하는 특징을 가지고 있습니다. 일반적으로 공포지수가 높으면 매수를, 낮으면 매도하는 경향을 보입니다. 반면, 탐욕 지수는 공포지수와 반대로 탐욕 지수가 높으면 매도를, 낮으면 매수를 합니다.

공포지수는 시카고 옵션 거래소에 상장된 S&P500지수 옵션의 향후 30일간 변동성에 대한 시장의 기대를 나타내는 지수로, 주가지수와는 반대로 움직이는 특징이 있습니다. 예를 들어, 공포지수가 최고치이면 투자자의 심리불안이 최고조에 이르렀다는 것을 뜻하며, 이는 주식시장에서 팔 사람이 많아진다는 것을 의미합니다. 반대로 공포지수가 하락한다는 뜻은 투자자 심리가 호전되어 주식시장에서 매수할 사람이 많아지고 있다고 해석할 수 있습니다.

다만, 이러한 공포지수와 탐욕 지수는 주식시장을 정확하게 예측하지는 않습니다. 따라서 이는 참고자료로 활용될 뿐이라는 점 주의하여야 합니다.

이러한 공포지수는 숫자로 표현되는데, 숫자가 의미하는 바는 다음과 같습니다.

〈공포지수〉

구분	구간	의미
낮은 수준	0 - 15	시장 낙관론
보통 수준	15 - 20	정상적 시장
중간 수준	20 - 25	시장에 대한 우려 증가
높은 수준	25 - 30	시장의 동요
매우 높은 수준	30 -	시장의 극심한 혼란

공포와 탐욕 지수는 미국의 CNN Money가 시장 참여자의 투자심리를 쉽게 알 수 있도록 7가지의 지표를 사용하여 숫자로 나타낸 것을 말하는데, CNN VIX Index(CNN 변동성지수)라고도 합니다.[16] 투자 시장은 낙관론과 비관론이 항상 공존하는데, 이런 심리를 수치화하여 쉽게 이해할 수 있도록 만든 것입니다. 그래서 0에 가까울수록 극단적 비관을, 100에 가까울수록 극단적인 낙관을 의미합니다. 이 지수는 여러 객관적인 세부 지표로 구성되어 있어 투자자가 투자 결정을 하는데 참고자료로 활용할 수 있지만, 그렇다고 절대적인 기준은 아닙니다. 공포와 탐욕 지수를 구성하는 7개의 세부 지표는 다음과 같습니다.

---

16) What is the CNN Business Fear & Greed Index? The Fear & Greed Index is a way to gauge stock market movements and whether stocks are fairly priced. The theory is based on the logic that excessive fear tends to drive down share prices, and too much greed tends to have the opposite effect. CNN. BUSINESS.

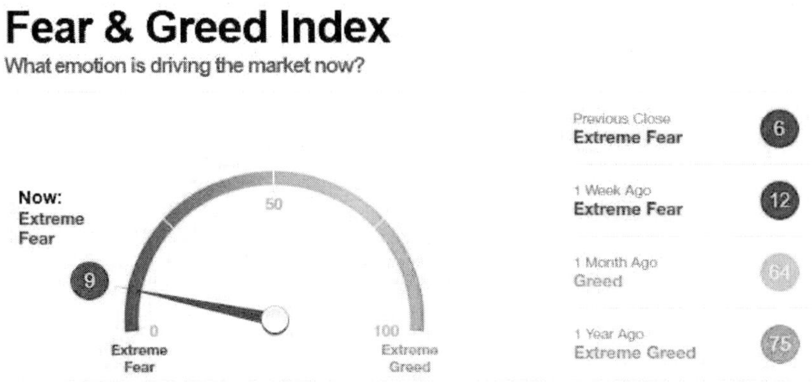

〈출처 : CNN BUSINESS(https://edition.cnn.com/markets/fear-and-greed)〉

(i) 주가 모멘텀 (Stock Price Momentum)입니다. 이것은 S&P 500지수의 125일 이동 평균선과 비교하여 현재의 상태를 나타내는 지표입니다. (ii) 주가 강도 (Stock Price Strength)입니다. 이것은 뉴욕 증권거래소(NYSE)에 상장된 주식 중 52일 신고가 주식의 수와 신저가 주식의 수 발생 횟수를 측정하는 지표입니다. (iii) 주가의 폭 (Stock Price Breadth)입니다. 이것은 상승하는 주식의 거래량이 하락하는 종목 거래량에 대비하여 얼마인지를 나타내는 지표입니다. (iv) 풋·콜옵션 (Put and Call Options)입니다. 이것은 시장 강세를 나타내는 콜옵션의 거래량과 약세를 전망하는 풋옵션의 거래량을 비교하여 산출한 지표입니다. (v) 투기채권 수요(Junk Bond Demand)입니다. 이것은 투자 적격 등급의 채권과 투기등급 채권 간의 수익률 스프레드를 통해 산출하는 지표입니다. (vi) 시장 변동성(Market Volatility)입니다. 변동성지수인 VIX지수는 S&P 500지수옵션의 향후 30일간의 변동성에 대한 시장기대를 나타내는 지수로 시장이 하락할 때 급등하고, 상승할 때 낮아지는 특징으로 하부지표에 포함되었습니다. 마지막으로 (vii) 안전자산 수요 (Safe Haven Demand)입니다. 이는 국채 대비하여 주가 수익률의 차이를 나타내는 지표입니다. 투자자의 불안 심리가 높아지면 안전자산 선호현상이 강해지기 때문에 하부지표에 포함되었습니다.

제2장 자본시장

1 자본시장, 그것이 알고 싶다
2 한 번쯤 들어보았을 자본시장법은 어떤 법
3 투자와 투기는 야누스
4 버핏의 투자 3원칙
5 나에게 맞는 투자법
6 서학 개미, 동학 개미
7 위험은 낮추고 수익은 높이고
8 투자손실은 네 탓
9 투자자 보호
10 권리 위에 잠자는 자
11 대가가 말하는 투자 격언
12 시간이 부리는 마법
13 내 삶의 주인
14 사마천이 말하는 부자 이야기

1 자본시장, 그것이 알고 싶다

우리는 경제활동을 매일 합니다. 경제활동이라는 것이 거창한 것이 아닙니다. 내가 쓰는 스마트폰 사용요금을 내거나, 인터넷 강의를 듣고, 넷플릭스 요금을 내며, 은행에서 통장개설을 하는 이러한 우리의 일상생활 자체가 경제활동입니다. 그리고 이러한 경제활동을 편리하고 쉽게 할 수 있도록 도와주는 것이 금융이고 이것을 업으로 하는 회사가 금융회사입니다.

금융시장은 자금 공급자로부터 자금 수요자인 기업, 가계, 정부에게로 자금을 중개하는 증권회사와 자금 수요자에게 직접 자금을 공급하는 은행 등이 수요와 공급에 따라 자금을 효율적으로 관리하는 곳입니다. 금융시장은 참여자인 은행과 기업, 또는 금융회사 사이에 매일 규칙적인 금융거래가 단기간 혹은 장기간에 이루어지고 있습니다. 이에 반해 자본시장은 자금 수요자인 기업이 신사업에 진출하거나 사업 확대 시 필요한 자금조달을 위해 증권회사의 도움을 받아 주식, 채권 등을 발행하여 자금을 투자자로부터 직접 조달하는 장기시장입니다.

회사가 사업을 확장하거나 새로운 사업에 진출하기 위해서는 자금이 필요합니다. 필요한 자금은 영업을 통해 벌어들인 것만으로는 충분하지 않습니다. 그런데 돈 이란 필요한 때, 제때 있어야 그만큼의 가치 이상을 발휘합니다. 이때 은행은 돈이 필요한 회사에 만기를 정해 돈을 대출해주며, 회사의 빌린 돈은 갚아야 할 빚으로 오랫동안 빌려 쓰기가 쉽지 않습니다. 그래서 회사는 다른 방법을 찾아서 필요한 자금을 구하게 됩니다. 은행 대출과는 다르게 오랫동안 안정적으로 자금을 쓸 수 있어야 하며, 빚이 아니어서 갚을 필요도 없는 자본을 찾습니다. 자본시장은 이러한 투자자가 필요한 자금을 적시에 조달하기 위해 자금 수요자를 도와 돈 구하는 법을 알려주고 해결책을 제시해주는 증권회사를 필두로 펀드 조성을 통해 자금이 필요한 기업에 투자하는 자산운용사가 활동하는 시장입니다. 자본시장은 기업이 필요한 장기자금을 빚이 아닌 회사자산으로 삼아 새로운 사업에 진출하거나 사업을 확장하고 외국에 진출하기 위한 자금을 주식 발행을 통해 조달하는 중개 시장이라고도 할 수 있겠습니다.

자본시장은 국경이 없습니다. 자본시장, 즉 돈은 수익이 있는 곳이라면 세상 어느 곳이든 갑니다. 물이 높은 곳에서 낮은 곳으로 흐르듯이 자연스럽게 돈은 높은 수익을 찾아 지금 낮은 평가를 받는 국가의 자본시장으로 흘러갑니다. 그리고 높은 수익을 달성하면 썰물 빠지듯이 빠져 다음 장소로 옮겨갑니다. 그래서 돈은 자유롭게 이 나라 저 나라 넘나들며 돈이 필요한 곳을 찾아다닙니다. 이때 외국자본이 썰물처럼 빠져나가면 해당 국가의 화폐가치는 하락하게 됩니다. 외국자본이 해당 국가의 통화를 팔고 미국 달러화를 사기 때문입니다. 어느 국가에서의 화폐가치 하락은 강한 달러를 의미하므로 수출 경쟁력 강화로 긍정적인 부분이 있지만, 이는 일시적인 착시현상에 불과하며, 장기적으로는 수입물가의 상승, 외국투자자금의 탈출로 경기침체가 발생하는 등 많은 부작용이 발생합니다.

자본시장은 세계적으로 표준화되어 있습니다. 자본시장은 돈을 빌려주거나 투자하고 회수를 위한 국제기준을 영국이나 미국과 같은 금융선진국이 주도하여 만들었습니다. 그래서 자본시장은 거래의 편리함과 정확성, 신뢰성을 꾀하고 있는데, 이것을 국제적 정합성이라고 합니다. 이러한 세계적 표준화가 필요한 이유는 많은 돈이 국경을 자유롭게 넘나들면서 빠르게 투자 결정을 하거나 돈이 필요한 기업에 돈을 빌려주고 갚기 위해서는 서로 간에 미리 약속된 규칙이 있어야 서로가 시간과 비용을 줄일 수 있기 때문입니다.

2 한 번쯤 들어보았을 자본시장법은 어떤 법

우리나라의 자본시장 전체를 총괄하는 통합법인 자본시장과 금융투자업에 관한 법률은 약칭으로 자본시장법이라 부르고 있습니다. 자본시장법은 2007년 8월 3일 제정되어 2009년 2월 4일 시행되었습니다. 자본시장법이 제정 후 1년 6개월 동안 시행되지 않은 이유는 무엇일까요? 보통 새로운 법이 제정되고 시행되기까지에는 많은 시간이 필요하지 않지만, 금융거래와 투자는 국민 재산과 직결된 중차대한 것으로 국민이 이해관계자이기 때문입니다. 그래서 금융회사와 이해관계자인 국민이 충분한 시간적 여유를 가지고 자본시장법 시행에 따른 시행착오를 최소화하고 대처할 수 있도록 시행일을 한참 뒤로 조정한 것입니다. 정부가 새로운 법 시행에 따른 금융회사와 국민의 혼란을 방지하고 변경된 제도를 정비하며, 금융회사의 전산개발이 이루어지도록 시간을 벌어준 것이라 할 수 있습니다.

자본시장법의 제정이유를 살펴보면 다음과 같습니다.[17]

17) 법제처, 국가법령정보센터.

〈자본시장법 제정이유〉

(i) 현재 자본시장을 규율하는 증권거래법, 선물거래법, 간접투자자산운용업법 등의 법률은 금융기관이 취급할 수 있는 상품의 종류를 제한적으로 열거하고 있어 창의적인 상품개발 등 금융혁신이 어렵고, 금융업의 겸영을 엄격하게 제한하고 있어 시너지 효과를 통한 경쟁력 향상에 한계가 있으며, 금융기관별로 상이한 규제체계로 되어 있어 규제차익문제 등 비효율성이 발생하고 있고, 투자자 보호 장치가 미흡하여 자본시장에 대한 신뢰를 저하시키는 등 제도적 요인이 자본시장의 발전에 장애가 되고 있으므로,

(ii) 증권거래법 등 자본시장 관련 법률을 통합하여 금융투자상품의 개념을 포괄적으로 규정하고, 겸영 허용 등 금융투자회사의 업무 범위를 확대하며, 금융업에 관한 제도적 틀을 금융기능 중심으로 재편하고, 투자자 보호 장치를 강화하는 한편, 자본시장에서의 불공정거래에 대한 규제를 강화하는 등 자본시장에 대한 법체계를 개선하여 금융투자회사가 대형화 · 전문화를 통하여 경쟁력을 갖출 수 있도록 하고, 투자자 보호를 통한 자본시장의 신뢰를 높이며, 자본시장의 혁신형 기업에 대한 자금공급 기능을 강화하는 등 자본시장의 활성화와 우리나라 금융산업의 발전을 위한 제도적 기반을 개선 · 정비하려는 것임.

자본시장법이 제정되기 이전에는 금융회사별로 판매하는 금융상품이 서로 다르고 적용받는 법도 제각각이었습니다. 또한, 금융회사에 적용되는 법률이 서로 달라 다른 영역으로 진출이 쉽지 않았습니다. 그래서 증권회사는 옛날 증권거래법상 주식 등을 중개하거나 채권을 판매하는 일 등에만 집중하였고, 자산운용사는 옛날 간접투자자산운용업법이 허용하는 범위 내에서 제한된 투자대상 자산으로만 펀드를 운용하는 데에 집중하였습니다. 자산운용사의 경우, 2004년 이전에는 주식이나 채권 등에만 투자를 하였고, 부동산이나 경영권참여를 위한 펀드는 법에서 허용되지 않았습니다.

특히 국내 증권회사는 외국의 금융투자회사와 비교할 때 그 자본 규모가 20분의 1밖에 되지 않는 등 그 규모가 작아 세계시장진출도 쉽지 않았습니다. 외국의 금융투자회사인 골드만삭스, JP모건 등은 기업투자, 인수합병(M&A)과 같은 기업금융을 통해 대부분 수익을 창출하지만, 국내 금융회사는 국내에서 영역 다툼과 밥그릇 싸움에 국제경쟁력이 크게 뒤떨어져 있었습니다. 이에 정부는 금융회사의 규모와 국제경쟁력을 키우기 위해 자본시장법제정을 통해 증권회사, 자산운용사, 선물회사 등으로 엄격하게 구분하던 금융회사의 업종 간 칸막이를 허물고 규모의 경제를 달성하고자 자본시장 통합법을 제정한 것입니다.

자본시장은 주식, 채권, 펀드, 파생상품 등 금융투자상품이 거래되는 시장이면서 자금 수요자인 기업이 증권회사를 통해 주식, 채권을 발행하여 자금을 조달하는 시장이기도 합니다. 자산운용사는 투자자로부터 자금을 모아 주식, 채권 등에 투자하며 간접적으로 기업에 자금을 지원하는 역할을 합니다. 이러한 자본시장에서 영업을 영위하는 회사를 총칭하여 금융투자업자라 하며, 이러한 회사에는 증권회사, 자산운용사, 신탁회사 등이 있습니다.[18] 자본시장은 국민경제에 미치는 영향력과 파급력이 커 투자자 보호가 중요합니다. 그래서 정부는 금융회사가 올바른 영업을 하고 있는가를 점검하고 투자자 보호라는 두 마리 토끼를 잡기 위해 시장을 항시 감시하며, 수시로 제도개선을 통해 금융이용자의 편의를 도모하고 있습니다.

18) 금융투자업자는 이익을 얻을 목적으로 계속적이거나 반복적인 방법으로 금융투자상품을 투자자에게 제공하고 자금조달 창구로서 금융투자를 업으로 영위하는 회사입니다(자본시장법 제6조 제1항).

〈과거 자본시장 법률체계〉

법률 명칭	적용 회사
증권거래법	증권회사, 자산운용사, 투자자문회사
선물거래법	선물회사
간접투자자산운용업법	자산운용사, 투자자문회사
한국증권선물거래소법	한국증권거래소
신탁업법	신탁회사
종합금융회사에 관한 법률	종합금융회사

자본시장법은 금융회사별로 적용하던 자본시장 관련 법률 6개를 하나로 통합하여 새롭게 제정되었습니다. 자본시장법이 제정되기 이전에는 증권거래법, 선물거래법, 간접투자자산운용업법 등 6개의 자본시장법률이 각각 존재하였습니다. 이는 투자자가 설령 같은 금융투자상품에 투자하더라도 본인이 거래한 금융회사가 적용받는 법률에 따라 투자자 보호의 세기가 다르다는 문제점이 있었습니다. 정부는 이러한 문제점을 해결하고 투자자 보호를 강화하고 세계적으로 경쟁력 있는 금융회사를 육성하고자 자본시장법률을 하나로 통합하게 된 것입니다.

자본시장법은 본문, 부칙, 별표의 순서로 편, 장, 절, 관의 순서로 하단에 각각의 조문으로 이루어졌습니다. 본문에는 제1편 총칙, 제2편 금융투자업, 제3편 증권의 발행 및 유통, 제4편 불공정거래의 규제, 제5편 집합투자기구, 제6편 금융투자업 관계기관, 제7편 한국거래소, 제8편 감독 및 처분, 제9편 보칙, 제10편 벌칙과 이에 따르는 449개의 조문과 부칙 등으로 구성되었으며, 금융투자업자 모두에게 적용되는 공통조문과 투자매매업·투자중개업·집합투자업 · 신탁업처럼 금융투자업자별로 적용되는 조문 등으로 이루어져 있습니다.

자본시장법은 제정 이후 새로운 사회현상이나 자본시장개선 필요에 따라 계속 개정을 하고 있습니다. 사회가 발전할수록 금융투자상품이 다양화되고 투자가 세계적으로 동조화될수록 자본시장법 역시 시의적절하게 개정됨으로써 다양한 이해관계자에게 편의를 제공하고 있습니다. 비록 입안, 공청회, 이해상충 등으로 해당 법령이 적시에 개정되지 못하고 폐기되어 아쉬운 점도 있지만, 이러한 끊임없는 개선의 노력으로 자본시장법은 투자자를 보호하는 최후의 파수꾼으로 그 역할과 소명을 다하고 있습니다.

3 투자와 투기는 야누스

우리가 쉽게 떠 올리는 투자에 관한 이미지입니다. "목돈이 있어야 한다. 하루 살기 바쁜 나와는 상관없는 일이다. 회사생활로 바쁘다 보니 관심 쓸 겨를이 없다. 경제 공부가 너무 어렵다. 주식투자는 너무 위험하다. 옆 부서 김 대리가 주식으로 큰돈을 벌었다더라" 등입니다. 반대로 투기하면 어떤 생각이 드시나요? 투자와 반대로 생각하면 될까요? "불건전하다. 일확천금을 노린다. 요행을 바란다. 노력 없이 얻는 불로소득이다. 투기는 사회악"처럼 부정적인 이미지가 연상됩니다. 그렇습니다. 투자와 투기는 구분되어야 합니다. 건전한 투자 활동은 우리의 생애주기 동안 함께 하여야 할 동반자이지만, 투기는 자산시장을 어지럽히는 나쁜 것이라 할 수 있습니다.

생애주기는 개인의 생애가 시간의 흐름에 따라 변화해 가는 일정한 단계별 과정입니다. 유아기, 학령기, 청소년기와 청년기인 20세에서 39세를 거쳐 40세에서 64세인 장년기와 65세 이상인 노년기로 구분합니다. 우리 부모님 세대들은 경제성장기 시대에 은퇴한 후 퇴직금을 은행에 예치하여 정기예금 이자 수입으로 생활을 유지하였습니다.[19] 아마 그 시절은 이제 오지 않을 것입니다. 그만큼 시대와 경제 상황이 많이 변했습니다. 소위 저출산 · 저성장이 고착화되었습니다.

19) 한국은행 자료에 따르면, 우리나라 정기예금 금리는 1965년 26.5%를 기록한 이후 1980년대와 1990년대에 10%대를 꾸준하게 유지하였습니다. 예를 들어, 1억 원의 정기예금 가입 시 월평균 83만 원의 이자 수령이 가능하였습니다.

고령사회는 나이 65세 이상을 기준으로 구분합니다. 전체 인구의 7% 이상이면 고령화사회, 14% 이상이면 고령사회, 그리고 20% 이상은 초고령사회로 분류합니다. 우리나라는 세계에서 유례가 없을 정도로 빠른 속도로 노령인구가 급속하게 증가하여 초고령사회로 진입하고 있습니다. 통계청이 2022년 9월에 우리나라의 65세 이상 고령 인구에 대한 통계를 발표하였습니다.[20] 2022년 기준 65세 이상 고령 인구는 9,018,000명으로 전체 인구의 17.5%이며, 2021년 고령자 가구의 순 자산은 414,080,000원입니다. 그리고 65세에서 79세 사이의 고령자 54.7%는 취업 의사가 있으며, 취업을 원하는 사유는 생활비를 보태기 위해서라고 합니다.

국민연금은 1988년부터 시행하였습니다. 회사에 입사하면 본인 소득의 9%에 해당하는 금액을 본인과 회사가 절반씩인 4.5%를 만 60세까지 국민연금에 납입합니다. 2022년 1월 말 기준, 우리나라의 전체 연금 수령자는 5,821,915명으로 월평균 연금수령액이 571,945원입니다. 전체 연금 수령자 중 65세 이상 노인 수령자가 4,175,763명입니다.[21]

통계청 발표 자료와 관련 뉴스에서 보듯이 최근 우리 사회가 겪고 있는 당면과제는 고령사회 진입에 따른 장년층과 노년층의 경제적 안정이라 할 것입니다. 이는 고령화가 우리의 경제사회 전 분야에서 해결해야 할 근본적인 원인이자 현상이기 때문입니다. 앞으로 우리가 살아갈 세상은 초고령화 사회와 100세 시대입니다. 지금은 저성장이 고착되면서 실질금리가 마이너스입니다. 이제는 저축이 아닌 꾸준한 투자 활동이 필요한 때입니다. 투자의 중요성과 필요성은 여러 번 강조해도 지나치지 않습니다. 우리는 지금 저성장, 저금리가 고착되고 고령층이 갈수록 늘어나고 출산율이 제로에 가까워가는 인구학적 위기가 계속되는 제로섬에서 살고 있습니다. 이런 와중에 코로나로 촉발된 세계적인 경제위기를 극복하기 위해 각국이 살포한 무제한의 유동성으로 현금 가치가 크게 하락하고 자산의 가치가 급등하였습니다. 이러한 환경에서는

20) 2022 고령자통계, 통계청, 98면.
21) 연합뉴스, 국민연금 월 최고수령액 246만 원, 평균은 57만 2천 원(2022.5.10.).

돈을 버는 것도 중요하지만 돈을 어떻게 관리하고 보전하여 증식할 것인가가 더 중요합니다. 그런데 투자는 모아둔 돈이 없다고 자신과 상관없는 일이라며 외면해서는 안 됩니다. 투자는 내가 사는 현실 세계에서 매일 벌어지는 일상 생활입니다.

왜 우리는 이 시기에 투자에 관심을 가져야 하며, 투자 공부와 함께 투기가 아닌 투자를 해야 할까요? 그것은 저금리에 따른 실질 이자 수입의 마이너스와 불안정한 경제여건 및 100세 시대를 살아가야 하는 우리가 직면한 현실적인 경제적 독립을 이루기 위해서입니다. 우리는 우리 자신에게 이런저런 변명을 하며 애써 투자를 외면하고 싶어 하지만, 우리가 가입한 국민연금은 나의 의지와 상관없이 이미 주식이나 해외자산 등에 투자되고 있습니다. 또한, 회사원의 경우 1년 이상 근무 시 받는 퇴직금이 있습니다. 이러한 자산을 지키고 더 나아가 증식하기 위해 우리가 투자에 관심을 가져야 하는 이유입니다.

따라서 자신의 생애주기에 맞춰 이루어지는 투자 활동이야말로 현재 상황을 인식하고 우리의 안정적이고 행복한 가정생활의 터전을 마련하기 위한 첫걸음이라 하겠습니다.

4 버핏의 투자 3 원칙

투자에 조금이나마 관심이 있다면 오마하의 현인 워렌 에드워드 버핏을 모르는 사람은 없을 겁니다. 그가 태어난 곳은 미국 네브래스카주 오마하입니다. 그의 이름 앞에 오마하가 있는 이유입니다. 그는 미국의 기업인이자 투자자로서 버크셔 해서웨이의 이사회 의장이자 최고경영자(CEO)입니다.[22] 그가 1930년 8월 30일에 태어나 이미 90세를 훌쩍 넘긴 고령자임에도 왕성한 투자 활동을 지금까지 하고 있다니 그의 행보가 놀라울 따름입니다.

그가 오랫동안 투자 활동을 하면서 지켜온 투자원칙이 있습니다. 투자 달인인 그가 고수한 투자원칙에는 세 가지가 있는데, 제1원칙과 제2원칙이 투자원금을 잃지 않는 것이고, 제3원칙은 빚을 내 투자하지 말라는 것입니다. 투자란 기대수익과 원금손실위험이 항상 함께한다는 점에서, 원금을 잃지 않고 지키라는 그의 투자원칙이 제1원칙과 제2원칙으로서 자리매김하고 있는 이유를 알겠습니다. 주식, 채권, 부동산이든 그 어떤 투자대상이라 하더라도 원금을 잃지 않는 투자야말로 가장 중요한 투자원칙이라 하겠습니다.

22) 버크셔 헤서웨이는 버핏의 투자목적 지주회사로서 1839년 섬유 제조회사로 출발하였습니다. 버핏은 1962년부터 회사의 지분을 인수하기 시작하면서 경영권을 갖게 되었습니다.

제1원칙입니다. 돈을 잃지 말라.

시간이 지나면서 일정하게 수익을 꾸준하게 올리면 그 수익이 배가 된다는 복리 법칙이 있습니다. 아인슈타인은 복리 법칙이야말로 인간이 발명한 그 어떤 발명품보다 훌륭하다고 극찬하였습니다. 이러한 복리 법칙은 한 해라도 투자원금에서 손실이 발생한 때에는 그 효과가 반감되므로 원금을 잃지 않겠다는 투자 자세가 매우 중요합니다.

예를 들어, 10,000원 하는 주식이 하락하여 주가가 9,000원이 되었다고 가정해보겠습니다. 이 경우, 해당 주식이 원금회복을 하기 위해서는 10퍼센트의 하락률보다 높은 11퍼센트의 상승이 필요합니다. 이처럼 원금손실률이 마이너스 10퍼센트, 20퍼센트를 넘는 등 원금손실이 커질수록 원금회복을 위한 상승률은 하락률보다 더 많이 요구됩니다. 버핏이 원금을 잃지 않는 투자를 제1의 투자원칙으로 하였는지 알 수 있는 대목입니다.

제2원칙입니다. 제1원칙을 잊지 말라.

버핏의 제2원칙 역시 원금을 잃지 말라 입니다. 투자에서 원금 유지가 얼마나 중요한지는 앞선 사례에서 살펴보았습니다. 누구나 투자원금에서 손실이 발생한다면, 해당 주식을 추가 매수하여 매입 단가를 낮추고 싶은 물타기 유혹에 빠질 수 있습니다. 또한, 처음에 투자한 의도와 다르게 원금회복을 위해 장기투자로 이어져 다른 수익기회를 놓칠 염려가 있습니다. 이럴수록, 제1원칙과 제2원칙인 원금을 잃지 않는 투자 자세를 마음에 새겨야 할 것입니다.

제3원칙입니다. 빚을 지지 말라.

2020년과 2021년, 각국은 코로나로 인한 경기침체에 대응하고자 상당 기간 저금리 기조를 유지하고, 시중에 막대한 돈을 뿌리는 재정정책을 실행하였습니다. 주식과 부동산 등 대부분 자산에서 가치가 크게 상승하였습니다. 당시는 주식 열풍을 넘은 광풍으로 남녀노소 누구나 주식투자에 나섰고,

SNS을 통한 대박 인증을 여기저기 보면서 너도나도 빚을 내어 투자하는 소위 빚투가 유행하였습니다. 2022년에 들어서자 각 나라는 시중에 풀린 유동성이 물가상승을 일으키는 주범이라는 인식하에 최고로 치닫는 물가상승을 억제하기 위해 예전과는 반대로 돈을 거두어들이는 긴축정책과 기준금리를 인상하고 있습니다. 미국의 기준금리는 2021년 0.25%에서 2023년 11월 5.5%까지 인상된 후 계속 동결상태이며, 우리나라 역시 2021년 0.5%에서 2023년 10월 19일 현재 3.5%까지 기준금리를 인상하면서 미국과의 금리 차이를 2%대로 유지하고 있습니다.

빚을 낸 투자는 여러 점에서 위험합니다. 빚을 낸 주식투자가 운이 좋게도 수익을 낸다면 그나마 다행이지만, 반대로 크게 하락하여 원금손실이 발생하고 빚을 낸 돈에 이자를 부담해야 하는 불상사가 발생할 수 있습니다. 빚을 낸 투자가 수익은커녕 원금에서마저 손실이 발생하면서 일손이 손에 잡히지 않거나 우울증 등으로 정상적인 일상생활에 곤란을 겪을 수도 있습니다. 코로나라는 특수한 상황이 만든 전 세계 유동성으로 최근 몇 년에 걸쳐 기록한 수익률이 본인의 실력이라고 생각하며, 돈을 빌려 투자했지만, 경기침체로 주식이 하락하자 이젠 원금회복 외에는 기대할 수 없는 투자자의 현실을 반면교사로 삼아 빚을 낸 투자는 하지 않아야 하겠습니다.

주가 움직임은 아무도 알 수 없는 신의 영역입니다. 그런 불확실성에 빚을 내어 요행을 바라며 투자하는 것은 어리석은 행동입니다. 자신이 감당할 수 있는 여유 금액 이내에서 투자하는 올바른 투자습관이 필요합니다.

5 나에게 맞는 투자법

직접투자는 투자자가 증권회사에서 위탁계좌를 개설하고 주식, 채권에 자기 판단과 책임 아래 투자하는 것을 말합니다. 간접투자는 자산운용사 또는 증권회사, 신탁회사와 같은 투자전문가가 만들어 판매하는 금융투자상품인 펀드나 신탁에 가입하고 그 투자결과에 따라 손익을 돌려받는 투자방식을 말합니다. 직접투자와 간접투자 모두 자기 책임 아래 투자하는 것이 원칙이며, 실적에 따라 손익이 결정되므로 투자원금이 깨지는 원본 손실위험이 항상 있습니다.

직접투자는 간접투자보다 상대적으로 많은 시간과 노력이 필요합니다. 간접투자도 본인의 많은 시간과 노력이 필요하지만, 직접투자보다는 덜한 게 사실입니다. 그 대신 간접투자는 나에게 맞는 투자 상품을 잘 선택하여 투자하면 됩니다. 먼저, 직접투자는 주식, 채권, 부동산 등 어느 자산에 투자할 것인가, 투자대상을 결정해야 합니다. 만일 투자대상이 주식으로 결정되었다면 몇 개의 투자 대상기업을 선정하기 위해 경제 상황, 금리, 환율은 물론이고 해당 사업의 전망이나 재무상황, 시장 점유율, 동종 혹은 유사 업을 영위하는 경쟁회사의 현황에 이르기까지 광범위한 영역을 직접 분석해야 합니다. 반면, 간접투자는 투자전문가가 취급하는 여러 금융투자상품 가운데 본인의 자금 여력과 투자 경험 등을 고려하여 본인에게 적합한 상품을 선정하여 비교적 적은 돈으로도 투자할 수 있다는 장점이 있습니다. 또한, 직접투자를 할 때 갖는 여러 단점을 보완할 수 있습니다. 예를 들어, 대표적인 간접투자 상품인 펀드는 투자대상 자산의 종류에 따라 주식, 채권, 부동산, 해외자산, 코스닥, 벤처기업 등에 이르는 다양한 상품으로 구성되어 있어 선택의 폭이 넓습니다. 더욱이 펀드를 운용하는 자산운용사는 경제 상황과 전망에 따라 투자종목을 교체하면서 최선의 투자결과가 나오도록 최선을 다한 운용을 합니다.

직접투자와 간접투자 중 어느 것이 좋은 투자방법 인가는 중요하지 않습니다. 본인에게 맞는 투자방법에 따라 합리적인 계획을 세워 투자하는 것이야말로 올바른 투자의 첫걸음이라 하겠습니다.

〈직접투자와 간접투자〉

구분	직접투자	간접투자
장점	·거래비용 저렴 ·실시간 투자 가능 ·투자 결정은 본인이 직접 수행	·여러 지역, 다양한 자산에 투자 가능 ·투자 결정은 전문가에게 맡김
단점	·투자를 위한 많은 시간과 노력 필요	·거래 비용이 많음 ·실시간 거래가격 확인이 늦음
주요 상품	·주식, 채권, 부동산 등	·펀드, 신탁, REIT 등

6 서학 개미, 동학 개미

증권거래소는 여러 사람이 주식을 한 곳에서 사고팔도록 만든 장소입니다. 예를 들어, 어떤 투자자가 삼성전자를 산다고 하죠. 그런데 누가, 몇 주를, 어느 가격에 매도할지 알기 어렵습니다. 그래서 아는 사람을 통해 물어물어 겨우 주식을 산다고 해도 파는 사람이 진정한 소유주인가, 매매가격은 적정한가, 주식은 어디에 보관하며, 다른 지역에 사는 사람과 매매대금은 어떻게 정산해야 할지 풀어야 할 어려운 문제가 많습니다. 더욱이 같은 지역이 아니라면 이동하는 문제까지 있습니다. 사람들은 이런 불편함을 해소하기 위해 주식이 거래되는 주식시장을 고안했으며, 주식을 한 곳에 집중하여 여러 사람이 안전하게 거래할 수 있도록 제도를 표준화하고 통일시켜 만들었는데, 이것이 증권거래소입니다.

국내 개인투자자들이 코로나 이후 본격적으로 해외 주식시장, 특히 미국 시장에 투자하기 시작하면서 이들 투자자를 서학 개미라 부르고 있습니다. 개인투자자들이 소규모 자본으로 주식에 투자하자 곤충에 빗대 개미라는 별칭으로 불리는데 착안하여 해외는 서학 개미, 국내는 동학 개미라는 재미있는 이름으로 투자자를 부르고 있습니다. 언어라는 것이 그 시대의 흐름과 유행을 보여주는 바로미터(barometer)인 점을 생각하면, 투자자를 서학 개미, 동학 개미로 부르는 것이 정겹습니다. 미국은 뉴욕 증권거래소, 나스닥거래소 등이 있는 세계 제1의 주식시장을 가지고 있으며, 달러패권을 가진 세계 1위의 자본시장을 가지고 있습니다. 우리나라는 코스피, 코스닥, 코넥스 등으로 구성된 세계 10위권 정도의 주식시장 규모를 가지고 있습니다.

미국에는 세 개의 증권거래소가 있습니다. 뉴욕 증권거래소(NYSE, New York Stock Exchange)는 1792년 5월 17일, 24명의 중개인이 현재 월가의 플라타너스 나무 아래에 모여서 공정한 증권거래를 약속한 플라타너스협정을 체결하였는데, 이 계약이 뉴욕 증권거래소의 시초가 되었습니다. 이 증권거래모임은 1817년 뉴욕 증권위원회로 공식 발족하였고, 1863년 지금의 뉴욕 증권거래소라는 이름으로 불리게 되었습니다. 해당 거래소는 세계에서 가장 큰 증권거래소이며, 세계 주요 기업인 월마트, 포드, 보잉사 등이 거래되고 있습니다. 나스닥거래소(NASDAQ, National Association of Securities Dealers Automated Quotations)는 1971년 장외시장으로 출발하여 현재는 미국 주식의 시가총액 기준 2위에 해당하는 거래소이며 우리나라 코스닥시장의 모델이기도 합니다. 나스닥에는 주로 IT 기업, 바이오, 인터넷기업처럼 설립 초기의 벤처기업과 첨단기술을 보유한 기업이 많습니다. 대표적인 기업으로 애플, 테슬라, 엔비디아, 넷플릭스 등이 있습니다. 아메리카거래소(AMEX, American Stock Exchange)는 1911년 뉴욕의 장외거래소가 그 시초입니다. 앞선 두 개 거래소에 상장하지 못하는 소규모기업이나 성장성이 높은 기업들과 ETF 등이 거래되는 미국에서 가장 작은 규모의 거래소입니다.

〈미국 증권거래소〉

구분	대표지수
뉴욕 거래소	·다우존스지수 : 뉴욕 및 나스닥거래소에서 엄선된 30개의 우량주식으로 종목 구성 ·S&P지수 : 뉴욕 및 나스닥거래소에서 500개의 우량주식을 구성 종목으로 하며, 나스닥 비중이 높음
나스닥 거래소	·나스닥지수 : 나스닥거래소에 상장된 모든 기업을 구성 종목으로 포함하여 산출한 지수
아메리카 거래소	·별도의 지수 없음. ETF, 파생상품 등을 거래

2024년 2월 기준, 국내 투자자가 한국예탁결제원을 통해 보유한 미국 주식의 보유순위를 보면, 1위가 엔비디아입니다. 2위는 테슬라이며, 알파벳, 마이크로소프트 등이 상위권에 포진해있습니다. 이외에도 미국의 주가지수에 투자하는 레버리지 ETF 역시 상위권위치에 있습니다. 미국 주식거래는 증권회사에서 계좌를 개설한 다음 원화 또는 외화로 입금 가능하여, 본인이 원하는 주식을 주문하는 때, 달러로 환전하지 않고 원화로 매수할 수 있습니다. 미국 주식에서 수익이 발생한 경우에는 양도 차익 중 250만 원까지는 공제가 되며, 초과분에 대해서는 22%의 양도소득세를 다음 해에 신고하여야 합니다.

〈서학 개미 미국 주식 보유순위〉

국내투자자 해외주식 순매수 상위종목

순위	종 목 명	순매수결제
1	NVIDIA CORP	1억6689만달러
2	TESLA INC	9021만달러
3	ALPHABET INC CL A	7317만달러
4	MICROSOFT CORP	4940만달러
5	SUPER MICRO COMPUTER INC	2426만달러
6	GRANITESHARES 1.5X LONG NVDA DAILY ETF	2253만달러
7	T-REX 2X LONG TESLA DAILY TARGET ETF	2198만달러
8	ISHARES 20+ YEAR US TREASURY BOND JPY HEDGED ETF	2196만달러
9	PROSHARES ULTRAPRO SHORT QQQ ETF	2054만달러
10	DIREXION DAILY 20 YEAR PLUS DRX DLY 20+ YR TREAS BULL 3X SPLR 953438320 US25459W5408	2054만달러

〈2024년 2월 6일~12일, 단위: 달러, 한국예탁결제원〉

우리나라는 1956년 2월 11일, 대한증권거래소가 정식 설립되었으며, 1962년 4월 주식회사로 개편되었습니다. 1963년 한국증권거래소로 개편되어 운영되어 오다가 2005년에 한국증권거래소와 코스닥 시장, 한국선물거래소를 통합하여 한국증권선물거래소로 명명하였으며, 2009년 현재의 한국거래소로 개명하였습니다. 현재 한국거래소의 주식시장은 유가증권, 코스닥, 코넥스로 구분하여 운영하고 있습니다.

〈우리나라 증권거래소 시장〉

구분	주요 기업	대표 주가지수
코스피	삼성전자, 현대자동차, LG화학 등 대형주 위주	KOSPI 200
코스닥	셀트리온, 카카오게임즈, 에코프로비엠 등 기술주, 성장주 위주	KOSDAQ 150
코넥스	초기 중소·벤처기업의 자금 조달목적	

유가증권시장(KOSPI, Korea Composite Stock Price Index)은 1956년 2월에 개장한 우리나라 증권거래소의 맏형으로 대형 우량기업들이 상장되어 거래되는 시장입니다. 유가증권시장은 동 시장의 시가총액이 우리나라 대표 주가지수인 코스피의 산출기준이 되기 때문에 코스피 시장이라고 합니다.

코스닥 시장(KOSDAQ, Korea Securities Dealers Automated Quotation)은 1996년 7월에 미국의 나스닥 시장을 모델로 IT(Information Technology), BT(Bio Technology)기업, 벤처기업 등의 자금조달을 목적으로 개설되었습니다. 이후 2005년 1월 유가증권시장, 코스닥 시장, 선물시장이 증권선물거래소(현 한국거래소)로 통합됨에 따라 코스닥 시장도 거래소가 개설한 시장으로 편입되었습니다. 코스닥 시장은 유가증권시장보다 진입요건이 상대적으로 덜 까다로워 중소벤처기업이나 바이오기업들이 주로 상장되어 있습니다.

코넥스 시장(KONEX, Korea New Exchange)은 2013년 자본시장을 통한 초기 중소·벤처기업의 성장지원과 모험자본 조달을 위해 개설된 새로운 시장입니다. 동 시장은 코스닥 시장과 비교했을 때 진입 문턱과 기업공시 부담을 낮춰 중소기업이 코넥스 시장에서 상장한 후에 공신력과 성장성을 확보해 코스닥 시장으로 이전 상장하는 것을 목표로 하고 있습니다.

7 위험은 낮추고 수익은 높이고

만일 투자 시 필연적으로 수반되는 위험은 낮추고 수익을 최대한 높일 수 있는 운용전략이 있다면 얼마나 좋을까요? 자산 배분 전략은 여러 투자자산을 적절하게 분배하여 위험은 낮추고 수익을 높이기 위한 투자의 기본전략입니다. 자산은 현금을 비롯하여 금, 은, 부동산, 주식 등 다양합니다. 이러한 자산을 어느 만큼의 비중으로 조합하여 어느 기간까지 가져갈 것인가가 자산 배분의 핵심입니다. 금융회사는 고객마다 원하는 요구 수익률이 다양하고 직면한 현실이 다르므로 고객별 분류를 통해 고객에게 맞는 배분 전략을 짜야 합니다.

자산운용사와 증권회사는 투자자 나이별에 따른 은퇴 시기, 근로소득, 재무상황, 투자 경험 등을 고려하여 여러 자산을 적절하게 골고루 섞는 자산 배분 전략을 짜고 있습니다. 자산은 원금손실 가능성과 기대하는 수익률에 따라 위험자산, 안전자산으로 구분해 볼 수 있습니다. 그래서 자산운용사는 어느 자산에 어느 정도의 비중으로 투자할 경우 투자수익을 극대화하고 위험은 최소화로 낮출 수 있을 것인가를 항상 염두에 두면서 운용합니다.

위험자산은 말 그대로 기대수익률이 높은 만큼 원금손실 가능성이 가장 큰 위험한 자산을 말합니다. 위험자산은 다른 한편으로는 수익자산이라고도 할 수 있습니다. 왜냐하면, 원금손실 가능성인 투자위험을 감수하는 대가로 높은 수익이 기대되기 때문입니다. 가장 대표적인 위험자산은 주식, 파생상품 등이 있습니다. 이들 상품은 원금손실 가능성이 다른 투자 상품보다 크기 때문에 위험자산으로 분류할 수 있습니다. 하지만, 투자위험은 시간의 흐름과 반비례하기 때문에 시간이 지날수록 이러한 위험은 감소하는 특성을 가집니다. 따라서 위험자산의 분류를 단순하게 원금손실 가능성이 크다는 이유만으로 분류하는 것은 적절하지 못한 생각이라 할 수 있습니다.

예를 들어, 사회초년생이 목돈 마련을 위해 은행 예·적금에만 가입한다면, 원금 보전과 어느 정도의 이자수익은 가능하겠습니다. 하지만, 실질수익은 은행이 제공하는 명목금리에서 물가상승 등을 고려한 기대인플레이션을 차감한다면 수익은 오히려 마이너스에 가까울 수 있습니다. 사회초년생이 은행의 예·적금은 안전자산이라 생각하고 가입하였지만, 속내를 들여다보면 이렇게 실질수익이 마이너스인 자산에 투자하였던 것입니다. 이처럼 위험자산의 분류는 단순하게 투자위험만 고려할 것이 아니라 자산이 갖는 내재적인 특징에 더해 경제 상황 등을 가미한 여러 관점에서 자산을 바라보는 다양한 시각이 필요합니다.

안전자산은 심각한 경제위기나 인플레이션과 같은 변동성을 대비하는 자산으로 금이나 달러와 같은 자산이 이에 해당한다고 생각하면 됩니다. 안전자산은 원금손실 가능성이 위험자산보다 크지 않습니다. 또한, 안전자산은 경제위기나 인플레이션이 발생하는 때 위험자산이나 통화의 가치 하락 등에 대비하여 보유하는 자산이라 할 수 있습니다.

금과 달러와 같은 안전자산은 자산 자체를 보유함으로써 가치상승에 따른 수익은 기대되지만, 위험자산과 다르게 보유 자체만으로 어떤 수익을 내는 자산은 아닙니다. 금이나 달러를 현물로 보유한다면, 그로부터 발생하는 이자는 없습니다. 다만, 이들 자산의 가치가 상승하는 때에 매매를 통한 차익이 있을 뿐입니다. 비록 정부가 지급을 보증하는 국채라 하더라도 금리가 상승하는 시기에는 채권가격이 하락하기 때문에 안전자산이 아닌 위험자산이 될 수도 있습니다. 이렇듯 투자자는 자산에 대한 개념을 항상 고정적인 시각이 아닌 시장 상황에 따라 바뀔 수 있다는 유연한 사고가 필요합니다.

자산운용사의 대표적인 자산 배분 전략 펀드인 퇴직연금 DC형과 개인 퇴직계좌인 IRP에서 많은 투자가 이루어지는 TDF 펀드가 있습니다. TDF 펀드는 투자자의 은퇴 시기에 맞추어 안전자산과 위험자산의 비중을 적절하게 배분하여 위험은 낮추고 수익은 높이는 전략을 취하는데, 국내자산보다 해외자산 비중이 높아 높은 인기를 끌고 있는 펀드입니다.

투자자가 TDF 펀드를 통해 간접적인 자산 배분 효과를 누린다면, 투자자가 금융회사로부터 투자자문 서비스를 받아 어떤 투자 상품에 투자하는 게 좋을지, 자산 배분은 어느 자산으로 얼마만큼의 비중으로 할 것인지를 정하는 자산 배분의 방법도 있습니다.[23] 일반 개인이 투자전문가의 도움 없이 스스로 자산을 구분하여 배분하고 이를 토대로 투자하는 것은 현실적으로 쉬운 일이 아닙니다. 그래서 앞으로는 금융회사의 이러한 자산 배분에 관한 투자자문 서비스가 많이 활성화되어 보다 나은 투자문화가 정착되기를 기대해 봅니다.

23) 최근 증권회사는 투자자의 성향에 맞추어 투자 포트폴리오를 제공하는 서비스를 빅 데이터를 기반으로 한 인공지능(AI) 서비스를 제공하고 있습니다.

8 투자손실은 네 탓

투자란 내가 가진 자산을 투입하여 수익을 창출하거나, 자본인 토지나 금전 등을 공급하여 합리적으로 기대되는 이익을 얻기 위한 일련의 행동을 말합니다. 자본시장에서 투자 활동은 현시점에 돈을 투하하여 미래의 이익을 기대하며 투자 상품의 구매를 뜻합니다. 투자는 내가 투자한 원금보다 적게 회수할 수 있는 원본 손실 가능성인 투자성을 특징으로 하며, 직접투자나 간접투자를 불문하고 내가 결정하여 선택한 투자에서 발생하는 투자수익과 손실은 내가 책임져야 한다는 투자의 기본원칙인 자기 책임이 적용됩니다. 투자자가 투자 활동을 통해 걷어 들이는 이익은 투자수익이라고 하며, 이러한 수익에는 배당소득, 이자소득, 임대소득, 매각이익 등이 포함됩니다. 반면, 투기는 투자와 달리 비교적 단기간에 주식이나 부동산 등에 투자하고 시세차익을 노려 이익을 보려는 행위를 말합니다.

투자는 마치 살아 있는 생물처럼 변화무쌍합니다. 우리나라의 2020년 주식시장은 코로나 영향으로 폭락을 거듭하다 3월 19일 장중 1,493.43포인트로 연중 최저치까지 급락하였습니다. 2021년 주식시장은 초저금리와 전 세계에 풀린 막대한 돈이 주식시장으로 공급되면서 2021년 6월 16일 장중 최고인 3,316.08포인트를 기록하였으며, 이어 7월 6일 종가기준 역대 최고치인 3,305.21포인트를 기록하는 급등세를 보였습니다. 반면, 2022년의 주식시장은 지난해와는 반대로 시중에 너무 많이 풀린 돈이 물가를 상승시키고 인플레이션을 일으키자 각 나라에서 돈의 공급을 축소하고 금리 인상을 시작하자 주식시장은 하락 하였습니다. 우리나라 주식시장 역시 2022년 9월 27일 장중 2,200선이 무너졌다가 일시적 반등을 거쳐 2022년 11월 11일 기준 2,483.16포인트를 기록하였습니다. 이렇듯 전 세계적으로 주식시장이 동조화 되면서 우리의 기대 방향과 다르게 주가가 널뛰며 움직여갈 때, 우리가 기대했던 투자수익을 달성하지 못하고 오히려 원금손실이 발생하기도 하였습니다.

흔히 잘 되면 내 탓, 잘못되면 네 탓이라 합니다. 투자 역시 남을 탓하는 문화가 만연합니다. 투자수익을 위한 노력은 하지 않은 채 높은 수익에 현혹되어 시류에 편승하여 자칭 투자전문가라는 사람의 말만 믿고 덜컥 투자하고 나서 손실을 보면 내 탓이 아닌 남 탓을 합니다. 코로나 이후 주가 상승으로 많은 수익을 본 사람들을 보고 새롭게 개인투자자가 주식시장에 많이 진입하였습니다. 그런데 초보 투자자를 대상으로 각종 사회관계망 서비스를 통해 투자초보자들을 노리는 집단이 있습니다. 바로 불법 주식 리딩방입니다. 이들은 유명인을 내세워 근거 없는 정보를 믿을만한 정보로 둔갑시켜 고수익 보장을 합니다. 그리고 이를 믿은 초보자들이 특정 종목을 매수하면 본인들은 차명계좌를 통해 해당 종목을 매도하여 이익을 실현하고 빠지는 주가조작을 일삼고 있습니다. 최근에는 금융을 뜻하는 Finance와 영향력을 뜻하는 인플루언서(Influencer)의 합성어인 핀플루언서들이 각종 SNS를 통해 주식, 부동산 등 투자정보를 제공하고 초보 투자자들이 이들을 따라 투자하고 있다고 합니다.[24)]이런 경우 어쩌다 운 좋게 수익이 날 수 있습니다. 그러나 투자와 투기를 구분해야 하는 것처럼, 이러한 불법행위에 속아 투자한 돈에서 수익이 나더라도 과연 그 돈이 오랫동안 나에게 머물러 있을까요?

투자는 본인의 자유로운 선택과 결정으로 발생하는 이익이나 손실을 스스로 감당하여야 합니다. 그래서 간접투자를 한다면, 미리 투자를 원하는 금융투자 상품을 정하고 투자구조, 손익구조, 금융회사, 투자 위험성 등을 충분하게 검토한 끝에 신중하게 투자를 결정하여야 합니다. 또한, 주식 등에 직접투자를

24) 연합인포맥스, 1만 명이 2천400억.... 불법리딩방 현주소(2023.11.29.).

한다면 금리, 환율, 산업전망, 개별회사의 재무제표와 본인의 경제여건 등에 맞는 종목을 충분하게 살펴보고 투자를 실행하여야 할 것입니다. 좋은 투자란 부단한 공부를 통해 자본시장을 이해하고 내가 가지는 여유자금 범위에서 나만의 투자계획과 나의 책임으로 투자 활동을 하는 것이라 하겠습니다. 투자에 관한 절대 원칙인 자기 책임 원칙에 대한 법원의 판결을 통해 그 의미를 되새겨 보길 바랍니다.[25)]

25) 대표적인 자기 책임 원칙에 대한 판례로서 '무릇 증권거래는 본래 여러 불확정 요소에 의한 위험성을 동반할 수밖에 없는 것으로서 투자자로서도 일정한 범위 이내에서는 자신의 투자로 발생할지 모르는 손실을 스스로 부담해야 함이 당연'하다고 판단하였습니다(대법원 1994.1.11. 선고 93다26205 판결). 다른 판결 역시 '일반적으로 증권투자는 직접투자나 간접투자를 막론하고 증권의 종류나 매매의 시기 및 방법 등에 의하여 그 수익률이 변동함으로 인하여 항상 위험이 따르게 마련이고 원칙적으로 투자자는 자신의 책임 아래 자신에게 개시된 정보를 기초로 당해 거래의 위험성을 판단하여 투자하고 그에 따른 위험을 부담하는 것이다'라고 판단하였습니다(서울지방법원 2000.2.1. 선고 99가합5212 판결).

9 투자자 보호

2020년 전 세계는 코로나로 촉발된 경기침체를 극복하고자 금리 인하와 함께 많은 양의 돈을 푸는 양적 완화정책을 펼쳤습니다. 이로 인해 시장에는 유동성이 풍부해지면서 주식, 부동산 등의 자산가치가 큰 폭으로 상승하였습니다. 특히 이 시기 최저가로 하락했던 주식이 최고가를 갱신하면서 대다수 투자자가 주식에서 수익을 올렸습니다. 주식투자를 위한 각종 유튜브 채널이 속속 개설되며 큰 인기를 끌었고, 주식투자에는 관심이 없었던 새로운 투자자들이 주식시장에 대거 진입하였습니다.[26] 앞머리 글자와 어린이를 합성한 새로운 신조어가 유행하면서 회자 되기 시작하였습니다. 이들 단어는 실력이 낮은 초보자를 뜻하는 의미로 주식 + 어린이를 합성한 주린이, 골프 + 어린이를 합성한 골린이 등이 그 대표적입니다.

증권예탁원은 매년 3월이 되면 전년도 말 기준으로 상장기업의 주식 소유자 현황자료를 발표합니다. 우리나라의 대부분 기업은 12월 결산법인이기 때문에 증권예탁원이 발표한 이 자료는 개인투자자의 동향을 파악할 수 있는 중요한 정보입니다. 동 자료에 의하면, 2021년도 개인투자자는 13,840,000명으로 2020년 대비 4,650,000명이 증가하였습니다. 개인투자자가 소유한 총주식 수는 1천 72억 주로 50.7%를 차지하며, 개인투자자 중 20대와 30대의

26) 연합뉴스, 주식 뉴스 이용자 64% "난 주린이"(2022.7.27.).

비중이 약 35.7%입니다.[27] 한편, 개인투자자가 아닌 법인과 외국인 투자자의 수는 약 70,000,000명입니다.

개인투자자가 법인이나 외국인 투자자와 비교했을 때 투자 경험이 적을 것이라는 생각이 일반적일 것입니다. 또한, 투자수익률 측면에서 보더라도 개인투자자가 기관투자자에 비해 높은 수익률을 기록하지 못하리라 여겨집니다. 만약 개인투자자들이 지난 2년간 양호한 투자결과를 냈다면, 이는 본인들의 실력 외에 시장에 풀린 유동성 힘에 따른 운 좋은 투자결과라 하더라도 지나친 말은 아닐 것입니다. 개인 유튜브를 통해 성공적인 투자 이야기가 여기저기서 나오기 시작하고, 주식투자에 관한 책이 봇물 터지듯이 출간되면서 앞다투어 증권회사에서 계좌개설이 이루어지는 등 투자 열풍을 넘은 광풍이 있었습니다. 불과 얼마 전에 있었던 우리 모습입니다.

우리나라에는 금융회사를 감독하는 정부조직인 금융위원회와 금융감독원이 있습니다. 이들이 필요한 이유는 금융은 마치 우리 신체를 유지하는 혈액처럼 자본시장에서 매우 중요하기 때문입니다. 금융은 우리의 일상생활에 없어서는 안 될 공기처럼 필수 불가결한 요소이기 때문에, 금융당국은 금융회사의 건전성 관리와 감독을 통해 금융소비자인 투자자를 보호하고 있습니다.

자본시장법은 여러 금융회사 가운데 투자를 본업으로 하는 증권회사와 자산운용사, 신탁회사 등을 주된 규제대상으로 하는 금융법입니다. 이 법률은 투자자의 건전한 투자 활동을 보장하고 투자자 보호를 위한 다양한 제도와 규정을 두고 있습니다. 이를 위해 자본시장법은 투자자를 여러 유형으로 분류하면서 투자자 보호에 차등을 두며, 투자자를 일반투자자, 전문투자자, 적격투자자, 기관투자자로 구분하고 있습니다.

일반투자자는 주로 회사원, 자영업자와 같은 개인투자자를 뜻하며, 전문투자자는 금융투자상품에 관한 전문성을 바탕으로 상품에 대한 이해정도와 소

27) 한국세정신문, 국내 주식 투자자 1천 384만 명, 1년 새 465만 명 증가(2022.3.18.).

유자산의 규모 등에 비추어 투자에 따른 위험 감수 능력이 있다고 인정되는 투자자를 말합니다.[28] 이러한 분류법은 모든 투자자는 같다는 단일 기준이 아니라 투자자특성에 맞게 유형별로 구분한 후 투자자를 차등하여 보호하기 위함입니다. 일반투자자는 전문투자자에 비해, 적격투자자는 기관투자자에 비해 두텁게 보호를 받고 있습니다. 그 이유는 일반투자자가 전문투자자보다 투자에 관한 전문성이 떨어진다고 인정되기 때문에 그만큼 보호의 강도를 높이고 있기 때문입니다.

투자자를 나누는 실익은 간접투자인 경우, 그 의미가 있습니다. 투자자는 제각각 투자 상품을 이해하는 수준과 소유자산 규모, 투자 경험이 서로 다르기에 동일 기준을 적용한다면 투자자 보호 관점에서 예측하지 못한 규제 공백이 발생할 염려가 있습니다. 그래서 자본시장법은 금융투자상품에 투자하는 간접투자의 경우에 투자자를 일반투자자와 전문투자자로 구분하고, 일반투자자를 전문투자자보다 두텁게 보호하고 있습니다. 이러한 투자자 구분은 주식에 직접투자를 하는 경우는 적용되지 않습니다.

일반투자자와 전문투자자의 중간영역에는 적격투자자가 있습니다. 적격투자자는 공모펀드보다 투자 위험성이 큰 사모펀드에 3억 원 이상을 투자하는 개인투자자 또는 법인을 말합니다. 종전 적격투자자의 투자 한도는 1억 원 이상이었으나 라임자산운용과 옵티머스자산운용[29]이 일으킨 불미스러운 사건으로 사모펀드의 위험성이 커지자 투자 경험과 위험을 감수할 수 있다고 여겨지는 투자 한도를 3억 원으로 상향하여 2021년 2월 17일부터 시행하고 있습니다.

---

28) 전문투자자에는 국가, 한국은행, 주권상장법인, 금융회사 등이 있습니다.

29) 라임자산운용은 투자자문사로 시작하여 일반사모자산운용사로 전환한 이후 공격적인 투자 활동으로 2019년 한때 6조 원의 자산을 운용하다가 여러 의혹에 휩싸이면서 투자자들의 환매 요청에 제때 대응하지 못하고 2019년 6월 펀드 환매중단을 선언하면서 약 1.6조 원대의 피해를 투자자에게 입혔습니다. 2020년 6월 옵티머스자산운용은 안전한 자산에 투자한다며 투자자를 속여 부실자산에 투자하면서 약 5천억 원의 손해를 입혔습니다.

금융회사는 금융투자상품의 중요내용을 일반투자자에게 설명하여야 하며, 투자자에게 맞는 상품을 권유할 책임과 의무를 부담합니다. 금융회사가 투자자에게 투자 권유를 위해서는 사전에 투자자가 일반투자자인지 전문투자자인지를 확인해야 합니다. 이는 일반투자자가 전문투자자보다 금융투자상품에 대한 위험 감수 능력이 떨어지기 때문에 투자자 보호 차원에서 투자자를 확인하도록 법에서 정하고 있습니다. 금융회사는 일반투자자를 대상으로 투자 권유를 하기 전에 (i) 투자자의 투자목적, 재산 상황 등을 파악하도록 하는 고객 파악 의무, (ii) 투자자의 투자목적, 재산 상태, 투자 경험 등에 비추어 적합한 투자 권유를 하도록 하는 적합성 원칙, (iii) 투자 권유 시 금융상품의 내용·위험에 대한 설명의무를 이행하여야 합니다.

기관투자자나 연금은 자본시장에서 1차 투자자의 자금을 풀링 한 다음 다양한 자산에 투자하여 그 결과를 투자자에게 돌려주는 투자전문가입니다. 기관투자자는 주로 금융회사인 증권회사, 자산운용사, 은행, 보험회사 등과 국민연금, 사학연금, 공무원연금과 같은 연기금이 있습니다. 이들은 자체 운용조직으로 투자를 하거나, 연기금의 경우 자산운용사나 증권회사 등을 선정하여 자금 운용을 위탁하고 있습니다.

증권회사는 자본시장의 맏형 격으로 소매금융에서 기업금융에 이르기까지 다양한 업무를 영위합니다. 우리나라 최초의 증권회사는 1949년 11월 22일 설립된 대한증권입니다. 1994년 교보생명이 대한증권을 인수한 후 교보증권으로 상호를 변경하여 현재에 이르고 있습니다. 증권회사는 자본시장법상 투자매매업, 투자중개업, 투자일임업, 투자자문업, 신탁업, 집합투자업 전부를 영위하는 금융회사입니다. 증권회사는 자금이 필요한 기업을 도와 주식이나 채권을 발행하는 업무를 하며, 기업 인수 및 합병(M&A)을 중개하고, 자금을 대여하는 등 기업금융 업무를 수행합니다. 또한, 자기자본인 고유자금으로 부동산이나 주식 등에 직접 투자하거나 인수금융을 통해 기업에 자금을 대여하는 투자매매업, 주식이나 채권, 파생상품 등을 중개하는 투자중개업, 투자자로부터 자금을 모아 특정금전신탁을 통해 투자하는 신탁업, 랩어카운트, CMA계좌,

개인종합자산관리계좌(ISA) 등을 운용하는 투자일임업, 한국형 헤지펀드를 운용하는 집합투자업자입니다. 이외에도 중소기업특화증권사, 종합금융투자사업자로서 사모펀드를 대상으로 전담 중개 업무와 자산보관을 담당하는 등 자본시장에 관한 모든 업무를 수행하는 진정한 투자전문가라 할 수 있습니다.

투자자문회사는 투자자에게 금융투자상품에 관하여 조언을 해주는 투자전문가입니다. 우리나라 최초의 투자자문회사는 1988년 2월 13일 설립된 대우투자자문입니다. 이 회사는 기관투자자인 증권회사, 자산운용사, 연기금, 고액자산가와 투자일임 계약을 체결하고 그 일임계약에 따라 주식이나 채권을 직접 운용하거나, 자문 계약을 체결하고 투자판단에 관한 조언을 제공하는 금융회사입니다. 투자일임은 투자자문회사가 투자를 결정하고 투자자산을 운용한다는 점에서 펀드와 유사합니다. 다만, 펀드는 다수의 불특정 투자자로부터 자금을 받아 집합 운용과 분산 투자를 하지만, 투자일임은 소수의 특정 투자자를 위한 맞춤식 투자와 소수 종목에 집중투자를 한다는 점에서 차이가 있습니다. 투자자문회사는 투자자문업과 투자일임업만을 영위하는 전업 회사도 있지만, 자산운용사, 증권회사 역시 투자자문업과 투자일임업을 겸영하고 있습니다.

벤처캐피탈(VC, Venture Capital)회사는 기술력이 좋은 중소기업의 향후 성장 가능성에 투자하는 투자전문가로서 중소기업창업투자회사(창투사), 신기술사업금융회사(신기사)가 있습니다. 자산운용사가 주로 상장기업에 투자한다면, 벤처캐피탈은 벤처기업과 같은 신생기업에 주로 투자합니다.[30] 벤처캐피탈은 벤처기업에 자금을 대고 경영과 기술지도 등을 종합적으로 지원하여 성장시킨 후 매각하여 높은 수익을 추구하기 때문에 모험자본이라고 합니다. 벤처기업에 투자하는 투자자는 높은 수익을 추구하는 헤지펀드와 정부 정책에 의해 자금이 조성된 모태펀드가 있습니다. 모태펀드는 각 정부 부처가 출자자로 참여하여 재원을 조성하고 모태펀드가 다시 민간이 설정한 펀드에 출자하는

30) 벤처기업은 일반 기업보다 기술이나 성장성이 상대적으로 높지만, 자금력이 충분하지 않아 정부가 지원할 필요가 있다고 인정하는 중소기업을 말합니다.

재간접펀드(FoF) 형태로 운용되며, 모 펀드가 출자한 펀드가 중소·벤처기업에 직접투자하는 구조입니다.[31] 창업투자회사는 혁신기업 등이 성장하는데 필요한 모험자본을 공급하는 투자전문가입니다. 창업투자회사는 벤처투자 촉진에 관한 법률상 업무집행조합원(GP)으로 벤처투자조합을 결성하여 벤처기업, 기술혁신형·경영혁신형 중소기업에 대한 투자 등을 위한 투자회사입니다. 창업투자조합은 창업자에게 투자하고 그 성과를 배분하는 것을 주된 목적으로 등록한 조합을 말하며, 자산운용사는 창투사가 운용하는 투자조합에 유한책임조합원으로 투자하고 있습니다. 신기술사업금융회사 역시 투자조합을 결성하여 운용하는 업무집행사원(GP)으로 투자전문가입니다. 창투사의 벤처투자조합은 일정 비율 이상을 벤처기업에 투자할 의무가 있지만, 신기사의 신기술투자조합은 신기술사업자에게 투자하므로 창투사의 투자범위보다 더 큽니다.

〈창투사와 신기사 비교〉

구분	창투사	신기사
근거법	벤처투자 촉진에 관한 법률	여신전문금융업법
자본금	20억	100억
감독기관	중소벤처기업부	금융위원회·금융감독원
투자대상	벤처기업의 비상장증권	중소·벤처기업의 비상장증권
판매회사·수탁회사	X	X
자산평가	취득가	취득가
금융회사	X	O

최근 여러 사모펀드가 불완전판매 등으로 인해 대규모 환매 사태가 일어나면서 금융당국이 사모펀드의 규제를 강화하면서 사모펀드의 투자자들이 신기사가 운용하는 투자조합으로 눈을 돌리기 시작했습니다. 신기사의 투자조합은

31) 모태펀드란 벤처투자 촉진에 관한 법률 제66조에 의해 설립된 한국벤처투자가 운용하는 펀드로서 민간 벤처캐피탈회사가 운용하는 벤처 펀드에 출자하는 모 펀드를 말합니다.

판매회사나 수탁회사가 필요하지 않으며, 투자자산에 대한 평가 역시 시가평가가 아닌 취득가로 합니다. 자산운용사의 펀드와 비교하여 비교적 자유로운 운용이 가능하며, 사모펀드와 다르게 투자금액에 제약이 없다는 장점이 있습니다.

금융감독원이 발표한 자료를 보면, 투자조합에 투자하는 개인투자자의 수가 계속 증가하고 있음을 알 수 있습니다. 신기술조합에 투자하는 개인투자자는 2018년 말 366명, 2019년 말 792명에서 2021년 3월 말 기준 2,521명으로 지속적인 증가세를 보여주고 있습니다. 이 가운데 증권회사를 통해 모집된 개인투자자의 비중이 75.8%에 달한다고 합니다.[32] 투자는 필연적으로 수익을 기대하기에 이러한 모험자본, 위험 자본에 투자하는 개인투자자의 증가세는 앞으로도 계속될 것으로 보입니다. 최근에는 자산운용사가 창투사와 신기사와의 업무제휴를 통해 공동으로 투자조합을 결성하는 사례가 증가하고 있습니다. 이는 자산운용사를 이용하는 투자자 관점에서도 투자기회의 확대라는 점에서 환영할만한 일이라 하겠습니다.

〈신기술조합과 사모펀드〉

구분	신기술조합	사모펀드
근거법	여신전문금융업법	자본시장법
운용자	신기술금융사업자 (신기술조합의 GP)	자산운용사
투자대상	금융업, 부동산업, 사행산업을 제외하고 투자 가능	제한 없음
투자자자격	제한 없음	적격투자자(3억 원 이상) 전문투자자
금소법 적용	X	O

〈출처 : 금융감독원 보도자료, 2021.9.16.〉

32) 금융감독원 보도자료, 신기술조합 투자는 위험이 매우 큰 투자이므로, 판매 증권사를 통해 투자 관련 정보를 충분히 확인하세요 - 소비자 경보 '주의' 발령 및 행정지도 예고 (2021.9.16.)

10 권리 위에 잠자는 자

권리 위에 잠자는 자는 보호받지 못한다는 법언처럼 유명한 격언은 없을 것입니다. 이 격언은 자신의 권리를 오랫동안 행사하지 않거나 주장하지 않은 사람은 법의 보호를 받지 못한다는 의미로 독일의 법학자 루돌프 폰 예링이 그의 저서 '권리를 위한 투쟁'에서 한 말입니다.[33]

금융투자상품은 은행 예금과 다르게 원금손실위험이 있습니다. 그래서 원금손실이 발생한 때에는 그 원인을 둘러싼 분쟁이 필연적으로 발생합니다. 투자 상품을 판매하는 금융회사의 직원은 투자자에게 투자 상품을 판매하는 때, 충분한 설명과 함께 적합한 상품을 권유하여야 합니다. 그런데 금융회사가 투자자에게 이러한 설명의무를 다하지 않거나 적합한 상품을 판매하지 않아 투자자에게 손해가 발생한 때에는 그 책임을 물을 수 있습니다. 이때 적용되는 것이 불완전판매라는 법리입니다. 불완전판매는 간접투자 상품에서 발생하는 금융소비자의 고충을 해결하기 위해 2021년 3월부터 시행된 금융소비자보호법에 따라 한층 강화되었습니다.

33) 그는 1818년 8월 22일 독일 아우리히에서 태어나 1892년 9월 17일에 사망한 독일 법학자로 근대 사회학적인 법학의 기초를 쌓은 역사학파의 학자로 유명합니다. 그의 저서 권리를 위한 투쟁은 1872년에 출간된 법학 분야에 있어서 최고의 고전이라 할 수 있습니다.

예를 들어, 펀드나 주가연계증권(ELS)은 은행 예금과 다르게 원금을 보장해 주지 않습니다. 이들 상품은 기대수익률이 높은 만큼 투자위험도 큽니다. 그런데 금융회사가 이런 투자위험을 제대로 설명하지 않고 해당 상품을 팔았다가 예상하지 못한 이유로 고객이 손해를 볼 수 있습니다. 불완전판매의 논란은 2008년 금융위기 당시에 많이 발생하였습니다. 당시 전 세계 금융위기로 증시가 폭락하면서 대부분 펀드가 큰 손실이 났고, 이러한 위험성을 제대로 설명하지 않은 금융회사와 투자자 간에 분쟁이 있었으며, 통화를 기초자산으로 하는 파생상품인 키코(KIKO)와 관련된 불완전판매 논란이 은행과 여러 회사 간에 있었습니다.[34] 최근에는 은행이 고령자를 상대로 판매한 파생결합증권이 불완전판매로 확정되었으며, 라임자산운용 등이 운용한 사모펀드 사례 역시 대표적인 불완전판매에 해당합니다. 그간 법원과 금융감독원 금융분쟁조정위원회[35]등에서 인정한 금융회사의 불완전판매를 살펴보겠습니다.

첫 번째 사례는 펀드에 가입한 투자자에게 환율변동에 따른 투자 위험성을 제대로 설명하지 않은 것입니다. 다만, 법원은 투자자에게도 일부 과실이 있음을 인정하여 손해액을 40%로 제한하였습니다.

〈청주지방법원 2010.1.3. 선고, 2009가합2924 판결〉

(1) 사실관계

· 고객은 일본 펀드 가입 시 환율 변동위험에 따른 환 헤지를 위해 선물환계약도 동시에 체결했으나 만기에 환차손을 입음. 비록 가입 서류에 신청인이 날인 하긴 했으나 실제로는 환차손 위험에 대한 설명을 듣지 못했다며 소송을 제기

34) 키코는 Knock-in-Knock-out의 줄임말로 환율변동위험을 피하기 위한 환헤지 상품으로 약정환율과 약정구간을 정해 놓고 해당 구간 안에서 환율이 움직이면 이익을 보지만 그 구간을 벗어나면 손실이 발생하는 구조의 장외파생상품입니다.

35) 금융분쟁조정위원회는 금융감독원에 설치된 민원해결전담기구로 위원장 1인을 포함한 30인 이내의 위원으로 구성되어 금융거래 등과 관련된 분쟁에 대하여 조정 후 합의를 권고합니다. 당사자가 조정안을 수락하면 재판상 화해와 같은 효력이 부여됩니다.

(2) 법원의 판단

· 선물환 계약과정에서 환차손에 대해 상세한 설명을 하거나, 고객이 충분히 이해했는지 확인한 바 없고, 단지 서류상 신청인 날인만 받았을 뿐이라며 환율상승에 따른 위험을 간과한 것으로 판단
· 다만, 투자자도 신중하게 검토한 다음 계약 체결을 했어야 하는 점 등을 고려하여 손해액의 40%를 배상책임으로 제한

두 번째 사례 역시 투자자에게 투자 상품의 위험성과 원금손실 가능성 등을 제대로 설명하지 않았습니다. 그 결과 투자손실이 발생하자 투자자가 금융회사를 상대로 소송을 제기한 것입니다. 법원은 금융회사의 설명의무위반에 따른 불완전판매를 인정하면서도 손해액을 손실액의 60%로 제한하였습니다.

〈부산지방법원 2011.5.24. 선고, 2010가단26093판결〉

(1) 사실관계

· 금융회사 직원은 고령 투자자에게 고위험상품인 장외파생상품에 투자하는 투자신탁 상품을 판매하면서 '원금손실이 발생할 수 있다'는 문구가 삭제된 상품설명서를 제시한 후 위험성을 설명하지 않았으며, 또한 상품설명서를 출력하는 과정에서 장외파생상품 만기 시 중요한 가격 결정에 대한 정보를 누락

(2) 법원의 판단

· 금융회사 직원은 투자신탁 상품을 판매할 때는 위험성 등을 포함한 상품 특성, 주요 내용을 명확히 설명하여 합리적 투자판단을 하도록 해야 하나 이런 주의의무를 위반하고 만기 시 가격정보를 누락 하였으므로 손해배상 책임이 성립
· 다만, 투자자들도 신탁상품의 위험성 등을 신중하게 검토하지 않은 점 등을 들어 손해배상책임을 손해액의 60%로 제한

첫 번째와 두 번째 사례는 금융회사가 투자자에게 투자에 관한 위험성을 제대로 설명하지 않은 것이 설명의무에 위반한 것이고, 이는 불완전판매에 해당하므로 금융회사가 손해배상책임을 부담해야 한다는 것입니다. 다만, 투자자에게도 일부 책임을 인정했다는 점에서는 다소 아쉬운 부분이 있습니다.

세 번째는 금융소비자보호법이 시행된 이후 2022년 6월 13일 금융분쟁조정위원회가 이탈리아 헬스케어 펀드와 관련된 2건의 분쟁 조정에서 판매회사의 불완전판매에 따른 손해배상책임을 80%로 결정한 사례입니다.[36)]

〈하나은행 헬스케어 펀드 환매중단 현황〉

펀드명	판매시기	환매중단규모	
		계좌수	판매액
DB SANITARIA 전문투자형 제2호 외 13개	'17.10.26. ~ '19.9.23.	504개	1,536억

〈이탈리아 헬스케어 펀드 분쟁 조정 사례〉

(1) 사실관계

· 금융회사 직원이 투자자들에게 이탈리아 국가 부도가 발생하지 않는 한 투자금을 회수할 수 있다고 설명했지만, 실제로는 투자금 상당액이 만기 부실채권에 운용하였으며, 투자자들에게 손실위험을 제대로 알리지 않는 등 주의의무를 다하지 않음

36) 해당 펀드는 이탈리아 병원들이 지방정부에서 받아야 할 진료비를 미리 내주고 정부로부터 다시 진료비를 받아 차익을 남기는 해외펀드에 투자하는 재간접형 펀드로서 판매회사인 하나은행은 2017년 10월부터 2019년 9월까지 1,536억 원 상당을 판매하였다가 2019년 말부터 상환이 연기되다 2020년 판매가 중단된 펀드입니다.

(2) 금융감독원의 판단

· 본 펀드의 판매회사는 투자자 성향을 먼저 확인하지 않고, 펀드 가입이 결정된 후 공격 투자형으로 사실과 다르게 작성함
· 투자대상 자산의 부실가능성 등 위험성을 설명하지 않고, 안정성만 강조
· 특히, 1등급 초고위험 상품을 판매하면서 내부통제 미비로 고액·다수의 피해자를 발생시킨 책임도 크다고 판단

금융감독원은 판매회사가 투자자 보호 노력을 소홀히 하여 고액·다수의 피해를 발생시킨 책임의 정도 등을 고려하여 공통 가중 비율을 30%로 산정하고, 투자자의 안전한 투자처 희망 및 최소 가입금액 안내 부정확에 따른 기타사항 10%를 추가하여 손해배상비율을 최고 수준인 80%로 책정하였습니다.[37)]

한편, 우리나라는 금융회사와 투자자 사이에 빈번하게 발생하는 분쟁을 해결하고 금융회사를 이용하는 금융소비자를 보호할 필요성을 느끼고 관련 법을 제정하였습니다. 이렇게 탄생한 금융소비자보호법은 2020년 3월 24일 제정하여, 2021년 3월 25일부터 시행되었는데, 2019년 고위험 금융상품인 파생결합 펀드의 불완전판매를 계기로 제정되었습니다. 금융소비자보호법은 금융상품 판매업자인 금융회사 등이 영업행위 시 준수해야 할 사항, 금융교육 지원 및 금융분쟁 조정 등 금융소비자 관련 제도를 규정함으로써 금융소비자 보호에 관한 정책을 일관되게 추진할 수 있는 제도적 기반을 마련하기 위한 법으로 은행, 카드회사, 보험회사, 증권회사 등 모든 종류의 금융회사가 취급하는 금융상품을 예금성·대출성·보장성·투자성으로 구분하여 보호 범위를 확대하였습니다.

예금성 상품은 은행, 저축은행, 신협 등이 취급하는 예·적금 등을 말하며, 대출성 상품은 은행, 카드사, 할부금융회사의 신용카드, 리스, 할부, 대부업자

37) 금융감독원 보도자료, 금융분쟁조정위원회, 헬스케어 펀드 투자손실 배상 결정(2022.6.13.).

등이 취급하는 대출상품을 말합니다. 보장성 상품이란 생명보험, 손해보험, 신협 공제 등과 같은 보험상품이 이에 해당하며, 투자성 상품은 자본시장법에 따른 금융투자상품으로 펀드, 파생상품, 파생결합증권, P2P 연계상품 등이 있습니다.

특히 대출성 상품은 거래목적, 원리금 변제계획, 신용, 재산 상황 및 고정 지출, 나이 등을 종합적으로 고려하여 일반 금융소비자의 상환능력이 적정한 수준인지 판단하도록 하였으며, 금융소비자가 3영업일 이내에 이를 철회할 수 있도록 하는 청약 철회권을 새롭게 도입하여 해당 계약을 철회하더라도 어떤 불이익도 없도록 하였습니다. 금소법은 금융소비자를 전문, 일반 금융소비자로 구분하여 보호 범위를 다르게 적용하였습니다. 금융상품에 관한 전문성 또는 소유 규모 등을 고려하여 계약에 따른 위험을 감수할 수 있는 국가, 지방자치단체, 금융회사, 상장법인 등을 전문 금융소비자로 구분하고, 이들을 제외한 금융소비자는 일반 금융소비자로 구분하여 보호의 정도를 다르게 적용하였습니다.

최근 금융상품은 이해하기 어려운 금융기법이 출현하고 발달하면서 복잡한 구조를 특징으로 하고 있습니다. 또한, 비대면 채널의 확대, 금융회사의 영역과 경계가 허물어지면서 다양한 금융상품으로 구성된 구조화 상품의 판매가 증가하면서 금융소비자는 금융상품의 이해가 훨씬 어려워지고, 판매하는 금융회사로서도 이를 설명하기가 여간 어려운 일이 아니게 되었습니다.

예전에는 투자자가 금융회사의 불완전판매를 이유로 손해가 발생하면 설명의무위반 등을 근거로 판매회사와 금융상품 제조사 등을 상대로 손해배상을 청구하였습니다. 그러나 손해배상을 규정한 민법의 특별법인 금융소비자보호법이 시행되면서 금융소비자는 은행 예금에서부터 금융투자상품에 이르기까지 청약을 철회하거나 손해를 입은 경우, 투자자가 아닌 금융회사가 입증책임을 부담하게 되면서 과거보다 쉽게 배상을 받을 수 있게 되었습니다. 이렇듯 금소법 시행은 금융회사의 책임을 강화하고 소비자 보호를 한층 더 끌어

올렸다고 평가할 수 있겠습니다. 그렇지만 무엇보다 중요한 것은 내 권리를 지키기 위해서는 금융상품 선택에 필요한 지식과 정보를 스스로 습득하고, 이를 이해할 수 있는 능력을 키우는 것이라 하겠습니다.

11 대가가 말하는 투자 격언

버핏은 투자에 관한 많은 조언을 우리에게 해주고 있습니다. 그는 우리보다 앞선 인생의 선배로서, 성공적인 투자자로서 멘토이자 선구자입니다. 우리가 평소 살아가며 그의 투자철학을 통해 '투자 나침반'으로 마음에 새겨둘 투자 격언을 소개합니다.

〈버핏의 투자 격언〉

· 분산 투자는 자신의 무지를 감추는 수단에 불과하다.
· 우리는 주식시장과 금리, 기업 활동 등이 향후 어떻게 전개될지 조금도 알 수 없다. 과거에도 그랬고, 지금도 그러하며, 미래에도 마찬가지다.
· 행복은 돈으로 살 수 있는 것이 아니다.
· 투자 결정은 결혼을 결정하는 것처럼 신중하게.
· 글로 써 보는 것만큼 스스로 생각하게 만들고 또 자신의 사고를 바로잡는 방법도 없다.
· 나는 내가 넘지 못할 2미터의 막대를 뛰어넘으려 하지 않는다. 충분히 넘을 수 있는 30센티미터의 막대를 넘으면 그만이다.
· 시대에 뒤떨어진 원칙은 이미 원칙이 아니다.
· 누군가를 고용하려 할 때는 정직, 지능, 열정 이 세 가지를 살펴야 한다. 그중에서도 가장 중요한 것이 정직이다. 정직하지 않다면 지능과 열정도 그 빛을 잃는다.

· 개인의 가장 중요한 자산은 바로 자기 자신이다. 그러므로 스스로 관리하고 향상시키기 위해 부단히 노력해야 한다.

이 가운데 "분산 투자는 자신의 무지를 감추는 수단에 불과하다"에 관해 이야기하고자 합니다. 이 말은 우리가 익히 알고 있는 '달걀을 한 바구니에 담지 말라'는 투자 격언과 반대됩니다. 흔히 이 격언은 분산 투자를 통해 위험을 분산하라는 의미로 사용됩니다. 그럼, 우리가 지금까지 알고 있었던 이러한 분산 투자를 다르게 생각해 볼 여지는 없을까요? "나는 투자에 자신은 없지만, 투자는 하고 싶어, 그래서 못해도 중간은 간다는 분산 투자를 할 거야"라고 말입니다. 버핏이 분산 투자야말로 자신의 무지를 감추는 수단이라며 폄훼한 이유가 여기에 있지 않을까요?.

투자는 필연적으로 위험이 따릅니다. 투자 속성은 기대수익과 위험이 항상 함께 공존한다는 점입니다. 그런데 분산 투자는 기대수익을 최대한 높이는 것이 아니라 투자위험을 여러 종목으로 나누어 줄여보겠다는 것이어서 투자 속성과 배치되는 점이 있습니다. 투자자가 본인의 투자에 확신이 있지 않고서는 소수 몇 종목에 집중하는 투자를 하기란 쉽지 않습니다. 투자수익이란 달콤한 과실을 얻기 위해서는 거센 비바람과 찌는 듯한 무더위, 추운 혹한을 견뎌내야 합니다. 좋은 과실을 빨리 얻고자 하는 조급함보다는 시간을 기다릴 줄 아는 인내심과 평정심이 필요합니다. 매일 등락하는 주식시장에 일비일희하지 않고 시장의 변동성과 두려움을 극복하기 위해서는 본인이 투자한 종목을 믿고 인내할 수 있도록 투자 공부를 통한 확신이 있어야 합니다. 이런 과정을 거쳐 변동성과 두려움을 이겨낸 결과가 바로 투자수익입니다.

여러 종목으로 나누어 투자하는 분산 투자나 소수 종목에 집중하는 집중투자 모두 투자의 한 방법입니다. 당연한 이야기로 치부할 수 있겠지만, 투자란 모름지기 항상 위험과 함께한다는 점을 상기한다면, 투자에 수반되는 투자위험을 회피해서는 좋은 투자결실을 보기 어렵다는 점 역시 기억해야 할 것입니다. 투자자는 투자금액, 투자 기간, 여유자금 여부를 신중하게 살펴 본인에게 적합한 투자방법을 골라 실행하면 될 것입니다.

투자위험은 시간과 반비례합니다. 그런 점에서 젊어서는 투자위험이 크더라도 투자수익을 극대화할 수 있는 소수 종목에 집중투자를 하고, 나이가 들어갈수록 투자위험을 낮추기 위한 분산 투자를 선택하는 접근법을 생각할 수 있습니다. 무엇보다 여러 종목에 나누어 투자하거나, 소수 종목에 집중투자를 하더라도 절대 잊지 말아야 할 점은 단기간에 사고팔지 않아야 한다는 점입니다. 단기수익을 위해 사고팔기를 반복하는 것은 투자가 아닌 투기라 할 수 있습니다. 투자자가 충분한 투자 공부와 함께 좋은 종목을 선정할 수 있는 인사이트를 키워 해당 종목을 장기간 보유하는 것이 투자수익률을 높이는 좋은 방법이라 하겠습니다.

12 시간이 부리는 마법[38)]

만약 우리가 부동산, 주식과 같은 재테크를 통해 연평균 10퍼센트의 수익률을 달성했다고 가정하겠습니다. 1년에 10퍼센트씩 20년 동안 자산을 불리게 되면 우리는 초기 자본 대비 몇 배를 벌 수 있을까요? 단순하게 생각하면 10% * 20년 = 200퍼센트, 즉 초기 자본의 2배에 해당하는 금액을 벌었다고 생각할 수 있습니다. 그럼 이번에는 다른 방법으로 계산해 보겠습니다. 첫해 100원을 가지고 투자를 시작했다고 하면 첫해가 지난 후 나의 자본은 110원이 될 것입니다. 또 1년이 지나면 110원에 11원이 더해져 121원이 됩니다. 그다음 1년 뒤에는 121원에 12.1원이 더해져 133.1원이 됩니다. 이렇듯 시간의 흐름에 따라 원금 100원과 이자가 매년 불어나면서 계속 합산되는 것을 볼 수 있습니다. 해가 거듭될수록 점점 더해지는 금액이 늘어나는 이것을 복리법칙이라고 합니다.

앞서 이야기한 대로 매년 10퍼센트씩 20년 동안 자산이 증가한다면 우리는 초기 자본의 6.72배에 해당하는 금액을 벌 수 있습니다. 그러므로 투자란 한 해 바짝 수익을 올리는 것이 아닌 1년, 3년, 10년, 20년 뒤의 모습을 바라보고 장기간에 걸쳐 이루어지는 것이라 하겠습니다.

38) https://magazine.securities.miraeasset.com/contents.php?idx=182

〈워런 버핏이 제시한 10만 달러 투자 시 투자 기간별 복리 수익률〉

	4%	8%	12%	16%
10년	4만8024달러	11만5892달러	21만584달러	34만1143달러
20년	11만9111달러	36만6094달러	86만4627달러	186만4060달러
30년	22만4337달러	90만6260달러	289만5970달러	848만4940달러

〈워런버핏의 1965년 투자자보고서〉

72의 법칙은 앞서 살펴본 복리의 마법을 토대로 초기 투자원금이 2배가 되는데 걸리는 시간을 계산하는 법칙입니다. 투자원금이 2배가 되는 시간을 n이라고 하면, 우리는 매년 평균적으로 달성해야 하는 연평균 수익률을 계산할 수 있습니다.

예를 들어, 매년 6퍼센트의 수익률을 달성한다고 가정하면, 투자원금이 2배인 100퍼센트가 되는데 걸리는 시간은 12년(72/6 = 12)입니다. 만일 5퍼센트의 수익률을 달성하고 있다면 14.4년(72/5 = 14.4)이 걸리는 셈입니다. 결국, 투자는 꾸준하게 수익률을 올리는 것도 중요 하지만 무엇보다도 시간에 투자하는 것이 가장 중요하다 하겠습니다. 어려서부터 오랫동안 꾸준하게 시간에 투자하는 습관이야말로 복리 가운데 으뜸이라 하겠습니다.

〈72의 법칙〉

수익률	소요연수	수익률	소요연수
1%	72년	6%	12년
2%	36년	7%	10.3년
3%	24년	8%	9년
4%	18년	9%	8년
5%	14.4년	10%	7.2년

13 내 삶의 주인

스포츠는 냉정합니다. 실력이 우선입니다. 흔히 말하는 좋은 학력은 필수 조건이 아닙니다. 프로스포츠인 야구, 축구, 배구만 보더라도 실력만 있으면 대학에 진학하지 않고 곧바로 프로세계에 진출합니다. 선수의 가치는 오로지 실력에 의해 결정되며, 시합 출전도 실력순입니다. 스포츠 세계는 주전이 아닌 후보선수라면 영원히 후보로 머물 수 있습니다. 그런데 가끔 운이 좋은 때에는 시합에 출전할 수도 있습니다. 새로운 팀이 신설되거나, 주전이 부상으로 시합에 나서지 못하거나, 본인의 실력이 일취월장할 때입니다.

후보가 주전으로 도약할 수 있는 가장 좋은 방법은 무엇일까요? 실력을 갈고닦아 시합에서 혁혁한 전과를 올리는 겁니다. 그러나 이 방법은 꾸준하게 시합에 나갈 수 없으면 나아진 실력을 보여줄 기회가 없습니다. 그래서 가장 좋은 방법은 신생팀으로 이적하는 것입니다. 그런데 재미있게도 어느 정도 실력이 뒷받침되어서는 곤란합니다. 왜냐하면, 후보선수가 어느 정도 실력이 있으면 다른 팀으로 가면 안 되는 이유가 있기 때문입니다. 우선 주전선수가 부상이나 슬럼프에 빠지면 그를 대체할 선수가 필요합니다. 일종의 보험용입니다. 또한, 그 후보선수가 다른 팀으로 가서 좋은 활약을 해서 부메랑이 되어 이전 소속팀이 패배할 수 있기 때문입니다. 그래서 실력이 부족하거나 은퇴할 정도의 나이가 아니라면 신생팀에 갈 기회조차 없습니다. 이것이 후보선수의 설움입니다. 이는 개인이 어떻게 할 수 없는 외생적 변수이자 통제 밖의 일입니다.

그러나 후보선수라고 해도 프로에 지명될 정도이니 청소년대표는 기본으로 했습니다. 이는 누구나 가지지 못한 훌륭한 재능을 보유한 것입니다. 그래서 기본적으로 선수들 실력은 엇비슷합니다. 운이 좋게도 나를 좋게 봐 주는 지도자를 만나 실전 게임에 얼마만큼 자주 나갈 기회를 보장받는가에 따라 선수들 간 몸값 차이가 벌어집니다. 출전기회가 있을 때, 그 기회를 놓치지 않아야 합니다. 그래서 운동선수라면 평소에 자신의 실력을 갈고닦으며 실전에 바로 나갈 수 있는 최신상태를 유지하여야 합니다, 그렇지만, 아쉽게도 후보선수에게는 그 기회조차 없을 수 있습니다. 운이 나쁘게도 같은 포지션에 국가대표급 주전선수가 있다면, 후보를 벗어날 길이 요원할 수 있습니다. 운동선수의 실력은 책으로 공부해서 느는 것이 아니기 때문입니다. 매일 시합에 나가서 상황에 따른 실전연습을 하여야 실력이 느는 법입니다. 시합에 나가지 않으면 내 실력을 가늠할 방법이 없습니다. 주전을 차지하지 못하면 끝내 기량 한번 펼쳐보지 못하고 후보로 전전하다가 조기에 은퇴하는 선수도 많습니다. 안타깝지만 그게 운이고 실력입니다.

이런 점에서 우리가 사는 인생과 스포츠 세계가 닮았습니다. 인생이라는 운동장에서 주전으로 시합에 나가야 하는데 후보로만 사는 것은 아닌가 하는 생각이 듭니다. 회사 일을 하는데, 주인의식이 없습니다. 그저 위에서 시키는 대로만 합니다. 퇴근 시간이 되면 뒤도 돌아보지 않고, 동료들과 인사 한마디 없이 바람처럼 사라집니다. 작년에 하던 일, 어제 하던 일 그대로 무한 반복하며 복사, 붙이기를 합니다. 이유는 단 하나, 내 삶이 아닌 다른 사람을 위해 살기 때문입니다. 한 마디로 주인의식이 없는 셈입니다. 스포츠 세계는 실력이 없으면 나이와 관계없이 후보로 밀려납니다. 우리 인생도 마찬가지입니다.

2022년 12월 통계청이 발표한 우리나라 기대수명이 83.6세입니다. KB 금융그룹 경영연구소가 2023년 11월에 발간한 '2023 KB 골든라이프' 보고서에 의하면, 회사원이 희망하는 은퇴 시기는 평균 65세이지만, 실제로 50대의 은퇴 평균연령은 49.3세라고 합니다. 요즘 같은 100세 시대에 50세에 은퇴한다면 남은 50년을 어떻게 보내야 할지 막막합니다. 그렇다면 인생이라는 운동장에서 은퇴 없는 내 삶의 주전이 되기 위해서는 무엇이 필요할까요?

내가 예전에 가졌던 좋은 학력과 젊음, 그리고 배움은 이제 더는 나의 강점이자 경쟁력이 아닙니다. 젊음은 누구라도 한때 가졌던 경쟁력일 뿐, 시간의 흐름에 무력하며, 좋은 학력과 배움은 많은 사회의 경험치에 미치지 못하는 어제의 것에 불과합니다. 워렌버핏이 말한 것처럼, 가장 중요한 자산은 돈이 아닌 바로 자신입니다. 자신을 아끼고 사랑한다면 인생이라는 운동장에서 주전으로 계속 뛸 수 있도록 평생 나만의 경쟁력을 갈고닦아야 할 것입니다. 투자에 관한 지혜는 나이를 먹는다고 자연스럽게 따라오는 것이 아닙니다. 나이 듦은 우리가 아무런 노력을 하지 않더라도 얻을 수 있습니다.

내 삶에 주인이 되지 않으면 언젠가는 후보로 밀려나서 영원히 운동장에 복귀할 수 없을 때가 올 것입니다.

14 사마천이 말하는 부자 이야기

사마천은 중국 전한 시대 사람입니다. 사마천 하면 그가 지은 역사서 사기가 떠 오릅니다. 사기는 당시 역사서의 기술 방식이던 편년체를 버리고 새로운 형식인 기전체로 쓴 역사서입니다. 편년체는 어떤 사실을 발생한 연도순으로 작성하는 방식이고, 기전체는 각 시대의 연관된 인물을 중심으로 사회, 경제, 문화 등 다양한 현상을 기술하는 방식을 말합니다.

사마천은 한 무제 때 흉노족에게 항복한 장군 이릉을 황제 앞에서 변호하다 황제의 미움을 받아 남자로서는 겪기 힘든 궁형이라는 큰 형벌을 받았습니다. 그 후 살이 썩어들어가고 주위의 비웃음에도 아랑곳하지 않고 치욕의 시간을 인고하며 견뎌 마침내 아버지로부터 이어오던 필생의 과업인 사기 편찬을 완성하였습니다. 그런데 우리는 사마천이 저술한 위대한 역사서인 사기에 관해서만 알고 있을 뿐, 그가 겪었던 고초와 환난은 잘 알지 못합니다. 단지 결과로서만 완성된 사마천의 사기만 알고 있는 셈입니다. 여기서 우리가 눈여겨볼 점은 그 누구 하나 황제 앞에 나서서 감히 이릉의 변호를 하지 못했던 살벌했던 자리에서 하급관리에 불과했던 그가 아무 이해관계가 없는 이릉을 변호하였다는 점입니다. 황제 노여움으로 영어의 몸이 된 그가 풀려나오기 위해서는 당시 50만 전이라는 거금이 필요하였는데, 거금 마련을 위해 여기저기 돈을 빌리기 위해 동분서주하였을 그와 가족들의 애타는 마음, 그리고 결국 거금을 마련하지 못해 생사의 갈림길에서 하루하루를 불안감으로 지새웠을 그의 마음입니다.

먼저 그가 보여준 정의로움에 대해 생각해 볼 수 있습니다. 정의로움은 내가 가진 힘과 상관없이 약자에 대한 배려, 편견이나 치우침이 없는 공정함, 나의 이익과는 관계없이 남을 돕고자 하는 사람만이 가질 수 있는 따뜻한 마음입니다. 그는 일면식도 없던 장군 이릉을, 그가 가지고 있는 힘과 관계없이, 소수 인원으로 몇 배나 많은 흉노족을 상대로 치열한 전투 끝에 항복할 수밖에 없었던 그를 아무런 대가 없이 변호하였습니다. 그저 그가 다른 대신들처럼 황제의 뜻에 따랐다면 어찌 되었을까요? 역사에 가정이란 없지만, 만일 사마천이 그를 변호하지 않았다면, 궁형이라는 형벌도 없었을 것이며, 사기 역시 빛을 못 보지 않았을까요?

그를 변호한 결과, 사마천은 영어의 신세가 됩니다. 그리고 사마천이 감옥서 나가는 방법으로 50만 전을 낼 것인지, 궁형을 당할 것인지, 아니면 죽을 것인지 선택을 강요당합니다. 사마천은 여기저기 50만 전을 구하고자 애를 썼지만, 누구 하나 사마천을 돕지 않습니다. 그는 끝내 사형 대신 궁형을 받고 감옥에서 나와 사기 완성을 위해 온갖 수모를 견디어냅니다. 그가 얼마나 수치스러웠을까요? 그리고 세상을 원망했을까요? 그가 한 변호에 대해 얼마나 후회를 하였을까요? 우리는 그의 분노와 후회를 알 수는 없지만, 그가 사기 편찬을 완수하기 위해 감내하였을, 그로부터 힘을 얻어 글을 써 내려갔을 그의 모습을 상상할 뿐입니다.

사마천은 사기의 마지막 편을 돈 이야기로 마무리합니다. 화는 재화 貨, 식은 번성할 殖을 사용하여 두 글자를 합쳐 화식(貨殖)열전으로 명명하고 돈 불리는 방법과 부자에 관하여 쓰고 있습니다. 그가 만약에 돈이 많은 부자였다면 거금 50만 전을 내고 궁형이라는 치욕스러운 형벌을 선택하지 않았을지도 모릅니다. 그런 그가 사기의 마지막 편에서 돈에 관하여 쓰고자 했을 때 어떤 마음으로, 왜 썼는지 새삼 궁금해집니다.

사람이 살아가는데 돈은 동서고금을 막론하고 없어서는 안 될 귀한 존재입니다. 그런데 그 돈은 그저 가만히 앉아서 기다려서는 결코 가까이할 수 없습니다. 돈은 신분에 귀함과 천함을 구분하지 않고 적극적으로 구애하고 노력하는 자를 따릅니다. 사마천은 "사람이란 본시 이익을 추구하는 것이 곧 본성이다(호리지성, 好利之性)"라고 하였습니다. 지금 사마천의 화식열전을 다시 살펴보아야 할 이유입니다.

사람은 손실 회피성향이 강합니다. 또한, 부정적 성향이 강합니다. 오래전 인류는 자신보다 강한 동물들과의 경쟁에서 살아남기 위해 눈치껏 살아야 했습니다. 수풀이 조금 바스락거려도 나무 뒤 그림자가 얼씬거리기만 해도 그것이 무엇인가 호기심을 보이지 않고 그저 달아나는 것만이 생존 법칙이었습니다. 이러한 수만 년에 걸친 인류의 생존 법칙으로 우리는 투자란 피해야 하는 것, 무서운 것으로 인식하는 부정적 성향이 자리를 차지하였습니다. 그 결과 투자는 손실이라는 고정관념에 사로잡혀 투자를 멀리하게 되었습니다. 우리가 투자라는 바깥 활동을 하지 않고 집에서만 머무른다면 실패할 확률과 성공할 확률 모두 영 퍼센트입니다. 중요한 것은 실패와 성공이라는 결과가 아닌 무엇인가를 시작해야 하는 굳은 의지입니다. 1988년 박경리의 시집 '못 떠나는 배'에 수록된 사마천에 관한 그의 시를 소개하면서 마무리하고자 합니다.

〈사마천, 司馬遷〉

그대는 사랑의 기억도 없을 것이다
긴 낮 긴 밤을
멀미같이 시간을 앓았을 것이다
천형 때문에 홀로 앉아
글을 썼던 사람
육체를 거세당하고
인생을 거세당하고
엉덩이 하나 놓을 자리 의지하며
그대는 진실을 기록하려 했는가

제3장 금융투자상품

1 금융상품은 알겠는데, 그럼 금융투자상품은
2 주식처럼 사고파는 ETF
3 ETF로 만들고, 생애주기에 맞춘 펀드
4 주가에 연동되어 수익이 결정되는 주가연계증권
5 ETF 친구 ETN
6 금융회사의 약속, 다시 사주는 환매조건부채권
7 하방은 막아주고 상방은 열린, 메자닌
8 계좌를 품다
9 부동산투자, 리츠
10 투자위험을 줄여주는 파생상품
11 노후 안전망, 반드시 알아야 하는 연금
12 보험금액이 실적에 따라 변하는 변액보험
13 믿음을 맡기다
14 단기자금 굴리기에 적합한 MMF · CMA

1 금융상품은 알겠는데, 그럼 금융투자상품은

금융상품은 금융회사가 만든 상품입니다. 우리가 익히 알고 있는 정기예금, 적금, 대출, 보험, 신용카드 등이 금융상품에 해당합니다. 금융투자상품은 금융투자회사[39]가 만든 상품으로 투자성을 기반으로 합니다. 투자성이란 원금 이상의 수익이 기대되는 반면 원본 손실위험을 말합니다.

금융상품과 금융투자상품의 가장 큰 차이점은 투자성을 바탕으로 한 원금 손실 가능성입니다. 투자는 지금 본인이 하고 싶은 거, 사고 싶은 것이 있더라도 더 나은 미래를 위해 잠시 그 기회와 욕망을 포기하는 것입니다. 기회의 포기는 현재를 만족하기 위한 소비지출을 하지 않는 것입니다. 투자란 특정 자산을 매입하고 가격하락에 대한 두려움과 공포를 이겨내며 본인이 원하는 수익률에 도달할 때까지 기다리는 시간과 싸움입니다. 투자란 본인이 원하는 수익률에 설령 도달하지 않거나, 원금손실이 발생하더라도 필요한 때에는 자산을 처분하여 현금화가 가능합니다.

투자에 항상 따라다니는 위험성은 시간이 흐를수록 줄어드는 경향이 있습니다. 오늘 산 주식이 내일 오를 가능성과 떨어질 가능성은 반반이지만, 투자

39) 금융투자회사는 투자를 업으로 하는 증권회사, 자산운용사, 신탁회사, 투자자문회사 등을 말합니다.

기간이 길어질수록 매수한 주식은 여러 변수에 의해 하락과 상승을 반복하면서 위험성은 서서히 줄어들게 마련입니다. 금융상품은 금융투자상품과 다르게 원금 보장이 되는 상품이거나 거래 편의를 위해 금융회사가 제공하는 상품입니다. 주로 은행이나 보험회사가 제공하는 상품으로써 은행의 예 · 적금과 대출, 보험회사의 저축성보험 등이 있습니다. 금융상품은 특정 기초자산에 연계되어 가치가 등락을 하면서 시시각각 변하는 것이 아니라 처음 매입한 시점에 금융회사와 약속한 거래조건에 따라 이자나 만기 시 원금 지급이 그대로 이행되는 특징을 가지고 있습니다.

금융투자상품은 자본시장법이 정하는 투자 상품으로 상품의 가치가 시장가격에 의해 변동되는 특징을 가지고 있습니다. 그래서 투자결과는 확정적이지 않으며, 가변적입니다. 자본시장법은 금융투자상품을 증권과 파생상품으로 구분하며, 금융상품이 가지고 있지 않은 투자성과 원금손실 가능성이란 특징을 가지고 있습니다. 금융투자상품은 주식, 채권, 펀드와 같이 투자한 최초의 돈이 처음 의도한 바대로 투자결과를 내지 못하며 기대수익률에 미치지 못하거나, 해당 자산이 매입한 시점보다 가격이 하락한 때에는 원금손실이 발생합니다. 주로 증권회사를 통해 거래하는 주식, 채권과 생명보험회사가 특별계정을 통해 운용하는 변액보험, 자산운용사의 펀드가 이에 해당합니다. 금융투자상품은 투자위험이 큰 만큼 투자수익을 기대할 수 있다는 점에서 은행이나 보험회사가 취급하는 예 · 적금이나 보험상품과 다릅니다.

〈금융투자상품 분류〉

대분류	중분류	소분류
증권	채무증권, 지분증권 등	채권, 주식, 수익증권 등
파생상품	장내·장외파생상품	선물, 옵션 등

자본시장법은 증권을 채무증권, 지분증권, 수익증권, 파생결합증권, 증권예탁증권, 투자계약증권 등 6종류로 분류하며, 파생상품은 장내 · 장외파생상품

으로 구분하고 있습니다. 이러한 분류법은 자본시장법이 새롭게 정의한 개념으로 우리가 예전에 알고 있던 주식, 채권, 회사채, 선물 등을 다르게 표현하고 있을 뿐 그 실체는 똑같습니다.

〈증권과 파생상품의 구분〉

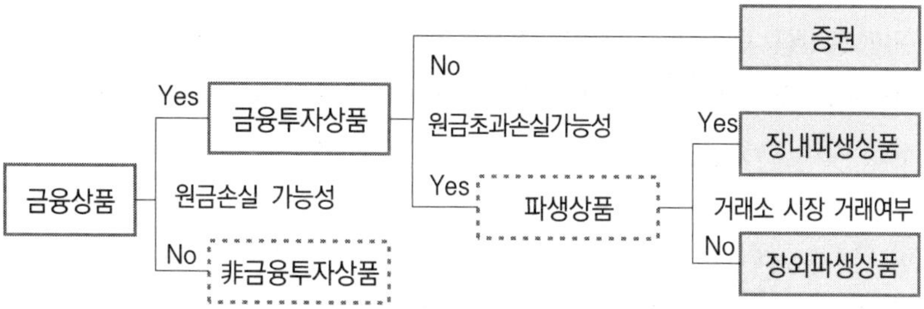

증권과 파생상품의 구분은 원금의 최대 손실가능액이 투자원금 이내로 제한되는 경우에는 증권으로, 손실금액 가능성이 투자원금을 초과하면 파생상품으로 분류합니다. 파생상품은 장내, 장외로 구분하는데, 장내파생상품은 표준화된 거래소 시장에서 대량으로 거래되며, 장외파생상품은 거래소 시장 밖에서 일대일 대면으로 소량 거래가 이루어지는 특징을 가지고 있습니다.

채무증권은 국공채, 금융채, 회사채 등을 말합니다. 채권은 일종의 차용증서이지만 개인 간의 차용증이 아니라 정해진 양식에 맞춰 채권의 발행조건을 확정하고 투자자로부터 자금을 조달하는 유가증권입니다. 채권의 발행조건에는 발행금액, 발행일, 만기일, 이자율 등이 있으며, 발행은 국가, 금융회사, 카드회사, 주식회사 등이 하며, 자본시장을 통해 필요한 자금을 조달하고 있습니다. 자본시장법이 정의하는 채무증권은 다음과 같습니다.

〈채무증권 정의〉

· 국채증권, 지방채증권, 특수채증권(법률에 의하여 직접 설립된 법인이 발행한 채권), 사채권, 기업어음증권(기업이 사업에 필요한 자금을 조달하기 위하여 발행한 약속어음

으로서 대통령령으로 정하는 요건을 갖춘 것), 그 밖에 이와 유사한 것으로서 지급 청구권이 표시된 것(자본시장법 제4조 제3항)

지분증권은 주식 등을 말합니다. 주식 소유는 해당 기업의 주주가 되는 것을 뜻합니다. 주식에는 의결권이 있는 보통주와 의결권이 없는 대신 보통주보다 높은 배당을 받을 수 있는 우선주가 있습니다. 주주는 주주총회에 참석하여 의결권을 행사할 수 있으며, 회사가 벌어들인 수익으로부터 배당을 받을 수 있습니다. 이밖에 출자지분이 표시된 것, 아직 발행되지 않았지만, 장래 발행이 예상되는 주식이나 새로운 주식을 받을 수 있는 권리인 신주인수권 등이 지분증권에 포함됩니다. 또한, 한국거래소에 상장되어 거래되는 상장주식과 그렇지 않은 비상장주식이 있습니다. 자본시장법이 정의하는 지분증권은 다음과 같습니다.

〈지분증권 정의〉

· 주권, 신주인수권이 표시된 것, 법률에 의하여 직접 설립된 법인이 발행한 출자증권, 상법에 따른 합자회사 · 유한책임회사 · 유한회사 · 합자조합 · 익명조합의 출자지분, 그 밖에 이와 유사한 것으로서 출자지분 또는 출자지분을 취득할 권리가 표시된 것(자본시장법 제4조 제4항)

수익증권은 자산운용사가 투자자로부터 자금을 모아 펀드를 운용하면서 투자자에게 발행하는 증권을 말합니다. 수익증권은 펀드의 다른 말로 자본시장법이 사용하는 법률 용어입니다. 자본시장법은 불특정 다수를 위한 투자 도구 형태를 집합투자기구 또는 펀드라 합니다. 이때 집합투자기구가 발행한 증권을 집합투자증권이라 하며, 수익증권은 이에 포함됩니다. 수익증권은 자산운용사가 발행하는 가장 대표적인 증권형태이며, 미국 등 외국에서는 펀드를 뮤추얼펀드라고 합니다. 자본시장법이 규정하는 집합투자증권의 정의는 다음과 같습니다.

〈집합투자증권 정의〉

· 집합투자증권이란 집합투자기구에 대한 출자지분(투자신탁의 경우에는 수익권을 말한다)이 표시된 것(자본시장법 제9조 제21항)

투자계약증권은 자본시장법이 새롭게 도입한 증권형태입니다. 투자계약증권은 특정 투자자가 본인 및 다른 사람과 공동사업을 하기로 하면서 돈을 투자하고 다른 사람이 수행한 공동사업의 결과에 따라 수익을 받는 계약상의 권리가 표시된 것을 말합니다. 투자계약증권으로 인정되기 위해서는 자본시장법에 규정된 집합투자기구를 이용하지 않는 투자구조로써 금융위원회가 유권해석을 통해 내린 아래의 기준 모두를 충족하여야 합니다.

〈금융위원회 유권해석 회신사례(2014.3.16.)〉

(i) 투자자의 이익 획득 목적이 있을 것
(ii) 금전 등의 투자가 있을 것
(iii) 주로 타인이 수행하는 공동사항에 투자할 것
(iv) 원본까지만 손실 발생 가능성이 있을 것
(v) 지분증권, 채무증권 등 정형적인 증권이 아닌 비정형 증권일 것

이러한 투자계약증권의 하나로 금융당국은 2023년 1월 조각 투자인 증권토큰(STO, Security Token Offering)을 허용하였습니다. 조각 투자란 글자 그대로 투자상품을 조각처럼 잘게 나누어 투자자로부터 투자금을 받는 것을 말합니다.[40] 증권토큰은 미술품 등을 증권화하여 투자자로부터 자금을 모은 뒤 대상 자산을 되팔아 수익을 투자자에게 돌려주는 새로운 투자 상품입니다.[41] 이미 일본,

40) 증권형토큰(STO)이 뭐길래, 주식 버금가는 미래 먹거리 기대감에 들썩, Business post(2023.1.25.).

41) 미술품 조각투자업체인 열매컴퍼니는 2023년 11월 현대미술의 거장 쿠사마 야요이의 작품 2001년작 호박을 11억 2천만 원에 매입하여 투자자로부터 주당 10만 원, 총 12억 32백만 원의 청약 모집을 하였습니다(서울경제, 미술품 조각 투자 시장 열렸다 ··· 1호는 쿠사마 야요이 '호박' (2023.12.15.).

미국에서도 조각 투자를 제도권 투자로 인정하고 있습니다. 앞으로 조각 투자가 금융투자상품의 하나로 투자자로부터 얼마나 사랑을 받을지 기대됩니다. 투자계약증권의 정의는 다음과 같습니다.

〈투자계약증권 정의〉

· 특정 투자자가 그 투자자와 타인(다른 투자자를 포함한다. 이하 이 항에서 같다) 간의 공동사업에 금전 등을 투자하고 주로 타인이 수행한 공동사업의 결과에 따른 손익을 귀속 받는 계약상의 권리가 표시된 것(자본시장법 제4조 제6항)

파생결합증권(DLS : Derivatives Linked Securities)은 기초자산을 이용하여 수익을 구조화한 후 이를 증권화하여 투자자에게 판매하는 투자 상품입니다. 파생결합증권에서 기초자산은 주식, 이자율, 통화, 실물자산(원유, 구리), 원자재지수(S&P GSCI지수, Goldman Sachs Commodity Index) 등을 말합니다. 파생결합증권은 이러한 기초자산과 결합하여 투자 손익이 확정되기 때문에 기초자산의 가격이 처음에 설계한 특정 범위 이내에서 움직이면 약속된 수익금을 지급하지만, 반대의 경우에는 원금손실이 발생할 수 있는 만기가 정해진 구조화 증권입니다.

기초자산이 개별주식이나 주가지수에 한정된 ELS(주가연계증권)도 파생결합증권의 하나입니다. 이러한 파생결합증권은 투자 위험성이 매우 높은 고위험상품으로 투자를 결정하기 전에 꼼꼼하게 상품의 중요내용을 살펴보아야 합니다. 특히 기초자산의 가격이 처음에 예상했던 범위를 벗어나면 손실 규모가 비교적 클 뿐만 아니라 상품 만기가 정해져 있어 기초자산 가격이 일단 손실구간으로 진입하면 재차 상승이 이루어지지 않는 한 원금회복의 기회가 없이 만기도래로 손실이 확정될 수 있어 신중한 투자를 하여야 합니다. 자본시장법상 파생결합증권의 정의는 다음과 같습니다.

〈파생결합증권 정의〉

· 기초자산의 가격 · 이자율 · 지표 · 단위 또는 이를 기초로 하는 지수 등의 변동과 연계하여 미리 정하여진 방법에 따라 지급하거나 회수하는 금전 등이 결정되는 권리가 표시된 것(자본시장법 제4조 제7항)

증권예탁증권(DR : Depositary Receipt)은 국제거래의 편의성을 높이기 위해 만들어진 증권입니다. 증권예탁증권은 외국 기업이 발행한 주식으로 바꿀 수 있는 권리를 부여한 증권으로 자본시장법이 시행되기 이전인 2009년에는 주식예탁증권으로 불리다가 주식뿐만 아니라 채권, 다른 증권을 기초로 발행할 수 있게 되면서 명칭을 증권예탁증권으로 변경하였습니다.

증권예탁증권은 내국인이 아닌 외국 투자자가 국제거래에서 겪는 시차, 환율, 환전, 언어 등 여러 불편을 해소하고 거래 편의성을 높이기 위해 고안된 것으로 각 나라의 증권예탁원이 참여하고 있습니다. 우리나라는 발행회사가 유상증자를 통해 발행하는 신주 증권예탁증권과 이미 발행된 주식을 발행회사의 동의를 받아 외국 예탁기관이 발행하는 유통 증권예탁증권으로 구분하며, 발행시장에 따라 증권예탁증권을 구분합니다. 미국에서 발행된 것은 ADR(미국예탁증권 : American DR)이라고 하며, 미국과 유럽 등에서 동시에 발행된 것을 GDR(글로벌예탁증권 : Global DR), 우리나라에서 발행된 것이면 KDR(한국예탁증권 : Korean DR), 일본에서 발행된 것이면 JDR(일본예탁증권 : Japanese DR) 이라 합니다. 자본시장법상 증권예탁증권의 정의는 다음과 같습니다.

〈증권예탁증권 정의〉

· 증권을 예탁받은 자가 그 증권이 발행된 국가 외의 국가에서 발행한 것으로서 그 예탁 받은 증권에 관련된 권리가 표시된 것(자본시장법 제4조 제8항)

2 주식처럼 사고파는 ETF

ETF(Exchange Traded Fund)는 자산운용사가 특정지수를 따라가기 위해 종목을 구성한 후 주식처럼 거래소에 상장하여 실시간으로 사고파는 간접투자상품으로서 인덱스펀드의 장점과 직접 주식에 투자할 때와 같은 편의성, 투명성, 환금성을 가지고 특정 섹터나 지수에 투자가 이루어져 분산효과가 뛰어납니다.

ETF는 1993년 1월 미국 S&P500지수를 추종하는 SPDRs(Standard & Poor's Depository Receipt) 소위 스파이더를[42], 우리나라는 2002년 10월 11일 당시 LG투자신탁운용이 설정한 KOSEF 200 ETF가 효시입니다.[43] 한국거래소에 따르면 2024년 2월 말 기준 국내 상장된 ETF의 순 자산은 그동안 꾸준하게 성장하면서 약 133조 원을 기록하고 있습니다.

42) ETF의 운용사는 SSGA(State Street Global Adviser)로 이 회사는 블랙록, 뱅가드에 이어 미국의 3대 ETF 운용사입니다.

43) LG투자신탁운용은 우리CS자산운용으로 바뀐 이후 키움투자자산운용으로 변경되었으며, KOSEF라는 ETF 브랜드는 키움투자자산운용이 이어받아 계속 사용하고 있습니다.

〈KOSEF 200 ETF〉

상품개요

기초지수명	코스피 200
최초설정일/상장일	2002-10-11 / 2002-10-14
펀드형태	수익증권형
총보수	0.130%

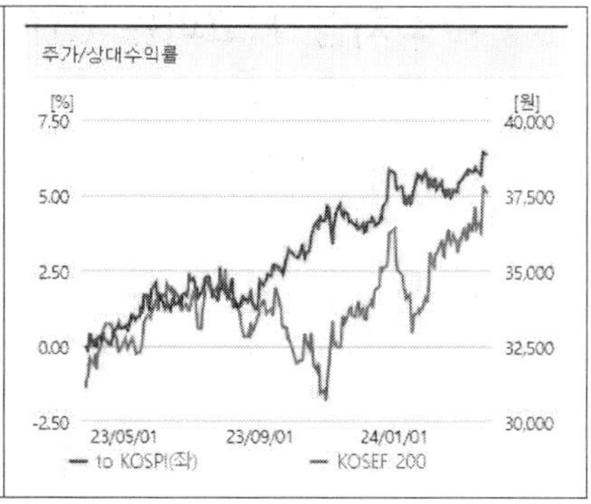

〈출처 : 네이버〉

일반적으로 사람들이 자기 본업에 충실하면서 투자를 함께하는 것은 말처럼 쉽지 않습니다. 투자란 투자전문가의 전유물로 여기며 쉽게 투자의 세계에 발을 들여놓기가 어렵습니다. 사실 투자자가 매일 글로벌 주식시장의 동향, 금리 움직임, 주식시장 등을 점검하고 그 의미와 상관관계를 하루아침에 깨우치기란 쉽지 않습니다. 더욱이 투자는 그 기본 속성상 원금손실위험에 항상 노출되어 있어 위험성과 두려움을 함께 가지고 있습니다. 그래서 굳이 위험한 투자의 길을 가기보다는 은행 예금을 하거나 그나마 펀드에 오랫동안 묵혀놓고 까맣게 잊은 채 애꿎은 시간만 훌쩍 지나간 쓰라린 경험 한 두 번은 가지고 있을 것입니다.

투자에는 좋은 투자와 나쁜 투자가 있습니다. 물론 이를 구분하는 기준이 있는 것은 아닙니다. 좋은 투자는 본인의 시간과 발품을 들여 경제 흐름과 산업전망, 경제뉴스 청취, 개별 기업분석 등을 통해 좋은 기업을 선정한 후 본인 자금계획에 맞게 장기투자를 하는 것입니다. 반면, 나쁜 투자는 이런 노력은 하지 않고 여유자금이 아닌 돈을 빌려 투자하거나, 다른 사람의 말만 듣고 단기간 수익을 노리고 매매를 반복하는 투기입니다.

ETF는 자산운용사가 산업변화, 미래성장 가능성 등을 고려해 투자전략을 세우고 이에 맞는 한 무리의 기업군에 투자하기 때문에 개인투자자는 주요 산업군에 있는 우량기업을 한꺼번에 투자한다는 장점이 있습니다. 예전 ETF는 인덱스형 펀드와 마찬가지로 지수를 추종하는 패시브 전략을 사용하는 지수형 ETF가 많았지만, 최근에는 테마형 ETF와 적극적인 운용전략을 구사하는 액티브 ETF가 늘어나는 추세입니다.

ETF의 손익구조는 특정지수에 포함된 여러 종목을 따라가도록 비교적 단순하게 설계되었지만, 투자 시 장점은 여러 가지가 있습니다. (i) 투자자는 어디서나 증권회사 앱 등을 통해 실시간으로 주식처럼 간편하게 사고팔 수 있어 거래가 매우 편리합니다. ETF는 지수를 추종하는 구성 종목을 실시간으로 확인할 수 있으며, ETF의 거래가격이 실시간으로 제공되어 투명합니다. (ii) ETF는 주식처럼 언제든지 시장에서 매도하여 즉시 현금화할 수 있어 환금성이 뛰어납니다. 그리고 한 종목에만 투자하는 것이 아니라 다양한 종목들로 구성된 기업에 투자하여 분산 투자가 가능하기에 한 종목에만 투자한 경우보다 가격변동 위험성을 줄일 수 있습니다.

예를 들어, 반도체 회사에 투자하고 싶은 투자자가 있다고 가정하겠습니다. 반도체는 전자산업의 쌀이라 불리며, 산업 전반에 안 쓰이는 곳이 없을 정도로 수요가 많습니다. 앞으로 인공지능, 자율주행, 6G 네트워크 구축, 스마트폰, 빅 데이터 저장 등에 많은 양의 반도체 사용이 예상됩니다. 반도체는 그 특성상 제품이 완성되기까지 분업화되어 많은 공정을 거칩니다. 그래서 이 산업은 자연스럽게 개별 공정 프로세스에 전문화된 여러 기업으로 구성되어 있고, 반도체 생산을 늘리는데 필요한 장비를 제공하는 회사도 있습니다. 그런데 이 반도체산업의 선두주자인 삼성전자, SK하이닉스는 물론 반도체와 관련된 여러 회사를 사기 위해서는 가진 돈이 충분하지 않거나 가격도 높아 선뜻 매수하기가 쉽지 않습니다. 이때 좋은 투자방법은 반도체 ETF에 투자하는 것입니다. 반도체와 관련한 여러 회사에 분산 투자는 물론이고 개별주식보다 더 싼 가격으로 투자할 수 있다는 이점이 있습니다.

ETF는 투자자가 직접 주식에 투자하는 것이 아니라 펀드에 투자하는 것이므로 증권거래세와 농특세가 없습니다.[44] ETF 역시 펀드이므로 자산운용사 보수, 판매보수, 수탁보수, 일반사무관리회사보수와 판매수수료 등이 있습니다. 보통 주가지수에 투자하는 ETF의 총비용이 특정 섹터에 투자하거나 액티브하게 운용하는 ETF의 총비용보다 저렴합니다. 투자자는 ETF 투자 시 각 자산운용사의 총비용을 비교하여 상대적으로 총비용이 저렴한 ETF에 투자할 필요가 있겠습니다.

이밖에 분배금 수령 시 배당소득세 14%와 지방소득세 1.4%를 합한 총 15.4%의 세금이 부과됩니다. 해외에 상장된 ETF는 국내 ETF와 다르게 매매차익에 대해서는 양도소득세 22%, 분배금에 대해서는 15.4%가 과세 됩니다. 해외 ETF를 통한 양도소득세는 연간 250만 원을 공제한 초과분에 대해서 지방소득세를 포함하여 부과됩니다.

〈ETF와 세금〉

구분	국내 ETF	해외 ETF
증권거래세	없음	국가별 상이
분배금	배당소득세	배당소득세
매매차익	없음	있음

우리나라에서 ETF를 운용할 수 있는 자산운용사는 공모펀드를 운용하는 회사로 제한되며, ETF에 대한 고유의 자기 브랜드를 가지고 있습니다. 대표적인 ETF 브랜드는 삼성자산운용의 KODEX, 미래에셋자산운용의 TIGER 등이 있습니다.[45]

44) 2023년 현재 증권거래세율은 코스피가 0.05%, 코스닥이 0.2%이며, 코스피 상장주식 거래 시에 과세 되는 농특세는 0.15%입니다. 정부는 주식시장 활성화를 지원하기 위해 2025년부터 코스피에 부과되는 거래세는 0%, 코스닥은 0.15%로 인하할 예정입니다.

45) 그밖에 한국투자신탁운용의 KINDEX, 키움투자자산운용의 KOSEF, 한화자산운용의 ARIRANG, KB자산운용의 KBSTAR 등이 있습니다.

3 ETF로 만들고, 생애주기에 맞춘 펀드

EMP(ETF Managed Portfolio) 펀드는 비교적 최근인 2017년에 도입된 새로운 유형의 간접투자상품으로 자산운용사가 투자자산의 50% 이상을 ETF(상장지수펀드)에 투자함으로써 자산 배분과 분산 투자 효과를 최적화한 새로운 유형의 펀드입니다.

ETF와 펀드는 대표적인 간접투자수단입니다. ETF는 거래소에 상장되어 실시간 매매와 구성 종목이 투명하게 공개되어 있으며, 저렴한 보수로 많은 인기가 있습니다. EMP는 거래의 편의성과 종목 구성이 투명하다는 특징을 갖는 ETF에 투자하기 때문에 자산 배분이나 자산관리에 유리합니다. 그 이유는 ETF라는 상품이 이미 다양한 전략과 추종지수에 따라 구성 종목이 최적화되어 있기 때문입니다. 경쟁력 있는 EMP 펀드는 여러 ETF 가운데 현재와 미래의 경제 흐름에 맞는 ETF를 투자목적에 맞게 적절하게 안분 하고 시의 적절하게 ETF를 교체하며 매매하는 펀드라 하겠습니다. 향후 기초지수를 추종하는 패시브 ETF 편입은 물론, 다양한 투자전략으로 미국 등에 투자하는 글로벌 ETF의 확대와 적극적인 종목발굴을 통해 운용하는 액티브 ETF와 테마형 ETF 등에 운용하는 다양한 EMP 펀드가 출시되기를 기대합니다.

EMP 펀드 투자에 따른 장점은 (i) 다양한 ETF를 포트폴리오로 구성하여 분산 투자의 효과를 극대화합니다. 투자대상인 ETF가 이미 분산 투자를 하고 있고, 분산 투자가 이미 된 여러 ETF를 펀드에 담기에 분산 투자가 더욱 최적화되었습니다. (ii) EMP의 투자대상이 ETF이므로 ETF가 가지고 있는 저비용, 고유동성, 가격 효율성 등의 장점을 고스란히 누릴 수 있습니다. (iii) EMP는 저렴한 비용으로 거래소에서 실시간 매매를 통해 여러 ETF에 투자하는 효과를 가지며, ETF로 운용하기 때문에 구성 종목을 쉽게 들여다 볼 수 있어 상품이해도가 높습니다.

TDF(Target Date Fund) 펀드는 투자자가 예상하는 은퇴 시점에 맞추어 자동으로 자산 배분이 이루어지도록 설계된 새로운 유형의 펀드로 특히 퇴직연금에 적합한 장기투자에 유리한 투자 상품입니다. TDF의 뒤에는 숫자가 있는데, 이 숫자는 투자자가 은퇴하고자 하는 목표 시점을 뜻하며, 숫자가 높을수록 위험자산인 주식투자 비중이 높음을 알 수 있습니다. TDF 2030이라면 은퇴 목표 시점이 2030년을, 2045라면 2045년을 의미합니다. 국내 TDF를 운용하는 자산운용사 대부분은 2020부터 2050까지 5년 단위의 펀드를 운용하고 있습니다.

TDF는 우리나라 퇴직연금 시장 현황과 필요성에 맞춰 도입된 장기투자에 적합한 투자 상품입니다. 퇴직연금은 다른 금융자산 못지않게 무척 중요한 자산임에도 바쁜 회사업무 등으로 관심도가 떨어져 미처 신경을 쓰지 못하는 것이 사실입니다. 아마도 본인 자금으로 직접 투자한 펀드나 은행의 예·적금은 본인 계좌에서 돈이 빠져나가지만, 퇴직연금은 회사에 1년 이상 근무하면 자동으로 적립되는 돈이라 자신도 모르게 공돈이라는 인식이 내면에 깔려 있지는 않을까 생각이 듭니다. 그러다 보니 퇴직연금이 노후 대비를 위한 소중한 자금임을 깨닫지 못하고 여전히 우리의 인식은 초보 수준에 머물러 있는 거 같습니다. 그런데 이런 현상은 당연해 보입니다. 왜냐하면, 우리가 일상생활을 하면서 시간을 따로 가지면서까지 경제와 투자 공부를 통해 스스로 직접투자를 한다는 것이 말처럼 쉬운 일이 아니기 때문입니다. 더욱이 본인이 직접 노후를 설계하고, 이에 맞추어 자산을 배분하고, 정기적으로 경제 상황에 맞춰 자산을 다시 조정해야 하니 엄두가 나질 않습니다. 이런 이유로 처음에 가입한 퇴직연금상품이 많은 사람의 무관심과 무지 등으로 원금 보전 위주로 운용되어 수익률은 제자리걸음인데 금융회사에 꼬박꼬박 수수료를 헌납한 꼴이 되고 말았습니다.

TDF 펀드는 이러한 우리나라 퇴직연금시장의 문제점을 해소하고 직장인의 예상 은퇴 시점을 기준으로 해외 채권과 주식, 펀드 등에 투자자산을 적절하게 분배하여 수익을 극대화한 투자 상품입니다. TDF 펀드는 투자자가 예상하는 은퇴 시점이 가까울수록 채권처럼 안전자산의 투자비율을 높여 안정성은 높이고 투자위험을 줄이는 운용을 합니다. 따라서 본인이 예상하는 은퇴 시점에 맞추어 TDF 펀드를 선택하면, 예상하는 은퇴 시점에 맞추어 안전자산인 채권과 위험자산인 주식이 적절하게 배분되어 운용되는 펀드라 하겠습니다.

다만, TDF 펀드는 원금보장이 되지 않는 실적배당상품이며, 예상하는 은퇴 시점까지 주로 해외자산에 투자하는 장기상품으로 입 · 출금 기간이 상대적으로 국내 펀드보다 장기인 경우가 많습니다. 또한, 해외펀드에 투자하는 재간접형 펀드인 경우, 운용비용과 수수료 등이 이중으로 지급되며, 환율변동에 따른 위험과 환전에 따른 비용이 발생하는 점에 유의할 필요가 있습니다.

4 주가에 연동되어 수익이 결정되는 주가연계증권

주가연계증권인 ELS(Equity Linked Securities)는 증권회사가 발행하는 파생결합증권의 하나로 기초자산인 주가 또는 주가지수와 연계하여 정해진 만기까지 기초자산의 가격이 최초 가입 시점과 비교하여 일정 비율 이상으로 하락하지 않으면, 처음에 약속한 투자수익을 지급하는 투자 상품입니다. ELS 만기는 보통 3년으로 사전에 정해진 수익구조에 따라 6번의 반기마다 조기상환의 기회로 수익을 확정 · 지급하는 간접투자상품입니다.

ELS의 수익은 기초자산에 연계되어 상환조건에 따라 결정되므로 언뜻 보면 쉽게 투자할 수 있는 상품으로 여겨지지만, 원금손실이 최대 100퍼센트에 이를 정도로 위험성이 높습니다. ELS를 투자하는 때 주의할 사항으로 (i) 수익을 결정하는 기초자산이 중요하므로 어떤 기초자산으로 구성되어 있는지 확인하여야 합니다. (ii) ELS의 기초자산이 개별 종목으로 구성되어 있는지, 아니면 주가지수로 구성되어 있는지를 살펴야 합니다. 개별 종목은 주가지수보다 가격 변동성이 크므로 개별 종목이 아닌 주가지수로 구성된 수익구조가 상대적으로 안전하다고 하겠습니다. (iii) 기초자산의 숫자가 많은 경우에는 해당 자산 모두가 상환조건을 충족하여야 하므로, 가능하면 기초자산의 숫자가 적은 ELS가 유리합니다. (iv) 낙인 조건이 최대한 낮은 저 낙인 ELS를 고르는 것이 좋다고 하겠습니다.[46)]

그렇다면, ELS를 투자하는 가장 좋은 방법은 무엇일까요? 가장 좋은 투자법은 여윳돈을 한곳에 투자하지 않고 가입금액, 가입 시점, 기초자산 다양화를 통해 자산 배분과 분산 투자를 하는 것입니다. 예를 들어, 수익이 결정되는 기초자산을 국내 주식과 해외주식, 여러 주가지수로 구성함으로써 분산 투자 효과를 극대화하는 것입니다. ELS는 상품 구조화에 따라 원금보장형과 비보장형, 공모와 소수 투자자를 위한 사모 ELS, 기초자산에 따라 개별 종목으로 구성된 종목형과 주가지수로 구성된 지수형이 있습니다. 이 가운데 투자수익 측면에서 보면, 원금 비보장형이 보장형에 비해 높다고 하겠습니다. 하지만, 만기 전에 상환조건을 충족하지 못한 경우에는 원금손실이 발생할 수 있으니 주의하여야 합니다.

ELS의 가장 대표적인 수익구조인 스텝-다운(Step-down)은 ELS 만기까지 조기상환 조건이 한 계단 한 계단 순차적으로 내려가면서 수익이 확정되는 것을 뜻하며, 낙인(Knock-in)은 ELS의 수익과 손실이 결정되는 일종의 기준점입니다. 수익조건 중 낙인(Knock-in)이 50이라는 의미는 발행기준일 당시 기초자산을 지수 100으로 설정한 후 해당 지수가 최초 100에서 50 아래로 하락하면 원금손실이 발생함을 의미합니다. 따라서 ELS의 기초자산인 지수가 50 미만으로 하락하지 않으면, 최초 약속한 수익률을 지급하고 만기상환을 하게 되는 것입니다. 3년 만기 ELS의 경우, 반기 단위로 한 단계씩 스텝-다운하는 경우, 총 6번의 조기상환 기회를 관찰하게 되며, 만기에 가까울수록 수익률은 높습니다.

2021년 2월 홍콩H지수는 12,228.63포인트로 최고점을 찍은 이후 2022년 10월 말 종가기준으로 지수가 5,000포인트를 기록하면서 2021년에 발행한 대다수의 ELS가 2024년 만기가 도래하면서 대폭 손실이 발생하였습니다. 금융감독원에 따르면 2023년 12월 말 기준 홍콩H지수를 기초자산으로 발행한 ELS의 판매 잔액은 총 18.8조 원으로 39.6만 계좌에 이른다고 합니다. 이 가운데 개인투자자가 17.3조 원, 39만 계좌에 이릅니다. 금융당국은 수조 원대 손실이 확정되자 ELS를 판매한 금융회사의 불완전판매를 점검한 후 금융회

46) 낙인(knock-in)이란 기초지수가 손실구간에 진입하는 것을 말합니다.

사가 투자자들에게 손실액의 20%~60%를 배상하라는 발표를 하였습니다.[47] 향후 ELS를 판매한 금융회사와 투자자 사이에 불완전판매를 둘러싼 분쟁이 급증할 것으로 보입니다.

주가연계증권 ELS 이외에도 주가와 연동된 다양한 간접투자 상품인 ELD, ELF, ELT 등이 갖는 특징은 다음과 같습니다.

〈구조화 상품 비교〉

구분	ELS	ELD	ELF	ELT
발행회사	증권사	은행	자산운용사	은행, 증권사
판매회사	증권사	은행	은행, 증권사	은행, 증권사
상품성격	파생결합증권	정기예금	펀드	신탁
수익구조	약정수익	약정수익	실적배당	약정수익
원금보장	X	O	X	X

ELD는 은행의 주가지수 연계예금(Equity Linked Deposit)입니다. 은행이 만든 금융상품으로 투자전략은 원금 대부분을 안전한 자산으로 운용하고, 나머지 일부를 주식과 주가지수에 연계된 투자 상품에 투자하여 알파 수익을 추구하는 상품으로 원금이 보장되는 특징을 가지고 있습니다.

ELF는 자산운용사의 주가연계 펀드(Equity Linked Fund)입니다. 자산운용사의 펀드 유형 중 하나로 투자자산 일부분을 ELS에 투자하여 주가지수 변동에 따른 수익을 추구하고, 나머지 부분을 채권 등에 투자하여 원금 보전을 추구하는 운용전략을 사용합니다.

ELT는 은행의 주가연계 신탁(Equity Linked Trust)입니다. ELT는 은행이 취급하는 간접투자 상품으로 투자자는 은행과 사전에 약속된 투자전략에 따라

47) 금융감독원 보도자료, 홍콩 H지수 ELS 검사결과(잠정) 및 분쟁조정기준(안)(2024.3.11.).

은행에 돈을 맡기고 은행은 신탁계좌를 통해 ELS에 투자합니다. 투자자가 ELS에 직접 투자하지 않고 은행 신탁을 통해 간접투자를 하는 이유는 ELS와 ELT의 수익구조가 다르기 때문입니다. ELS는 만기 시 정해진 수익구조조건을 충족하지 못한 경우 수익구조를 해지하여 손실을 확정하지만, ELT는 신탁재산에 남아 있는 돈으로 해당 ELS의 기초자산인 주식이나 관련 지수 ETF를 직접 매입하여 주가 상승 시까지 보유하다가 상승하면 해지해 손실을 만회한다는 점에서 기존 ELS보다 안전성을 보강한 투자 상품이라 할 수 있습니다.

5 ETF 친구 ETN

ETF가 거래소에서 거래되는 펀드라면, ETN(Exchange Traded Note)은 증권회사가 주가지수, 금리, 실물자산 등 기초지수의 가격변동에 따라 수익이 결정되도록 구조화하여 발행한 파생결합증권의 하나입니다. ETN과 ETF는 그 명칭이 서로 비슷하여 차이점을 구분하기란 쉽지 않습니다. 두 상품은 발행 주체, 상품 만기, 구성 종목, 운용전략 등에서 여러 차이점이 있습니다. 반면, 기초자산에 의해 가격이 결정되는 점, 주가지수 등을 추종하고 거래소 상장을 통해 거래가 이루어지는 구조화 상품이라는 공통점이 있습니다. 먼저 두 상품의 공통점과 차이점에 대해 알아보겠습니다.

〈ETN 발행사 요건〉[48)]

구분	주요내용
인가대상	증권, 장외파생상품을 대상으로 투자매매업 인가를 받을 것
자기자본	5,000억 원 이상
투자등급	투자적격 등급 이상
순자본비율	150% 이상
재무제표	최근 3사업연도의 개별 및 연결재무제표에 대한 감사인의 감사의견이 모두 적정

48) 미래에셋증권 홈페이지(https://securities.miraeasset.com/hks/hks4318/n07.do).

ETN은 자기자본 5,000억 원 이상의 우량한 증권회사가 자기신용으로 발행하며, 만기가 1년에서 20년 이내로 정해져 있습니다. ETF는 공모펀드를 운용하는 자산운용사가 투자자로부터 자금을 모아 운용하며, 만기가 따로 정해져 있지 않습니다.

ETN과 ETF 두 상품 기초지수를 추종하는 금융투자상품으로 인덱스펀드와 유사하며, 거래소 주식처럼 거래소에서 실시간으로 사고팔 수 있습니다. 두 상품은 일반 주식과 같이 T+2일에 결제가 이루어지는 공통점을 가지고 있습니다.

〈ETN 기초자산 요건〉49)

구분	주요내용
발행조건	모집, 매출에 의할 것(공모)
발행총액	총액 70억 원 이상이고 발행증권의 총수가 10만 증권 이상
발행한도	자기자본의 50% 이내
발행만기	1년 이상 20년 이하
유동성공급	발행사 또는 1사 이상과 계약체결

ETN은 파생결합증권에 해당하며, ETF는 집합투자증권, 펀드로 분류하며, ETN은 최소 5종목, ETF는 10종목 이상으로 구성되어 있습니다.

ETN은 증권회사가 자기신용으로 발행하는 상품으로 증권회사가 파산하면, 투자금액을 돌려받지 못할 위험이 있지만, ETF는 수탁은행이 투자자산을 안전하게 보관하므로 자산운용사가 설령 파산한다 해도 수탁은행에 안전하게 보관된 투자자산을 매각하여 투자금액을 돌려받을 수 있습니다.

49) 미래에셋증권 홈페이지(https://securities.miraeasset.com/hks/hks4318/n07.do).

ETN은 사전에 약정된 수익을 투자자에게 제공하지만, ETF는 실적배당상품으로 운용실적에 따라 수익이 달라집니다.

〈ETN과 ETF〉

구분	ETN	ETF
운용사	증권회사	자산운용사
상품분류	파생결합증권	펀드
발행방법	공모	공모
구성종목	5종목 이상	10종목 이상
만기유무	있음	없음
상환위험	있음	없음

6 금융회사의 약속, 다시 사주는 환매조건부채권

RP(Repurchase Agreement)는 금융회사가 국채, 지방채와 같은 우량 채권을 담보로 투자자로부터 단기자금을 조달하기 위해 발행하는 상품입니다. 투자자는 금융회사가 사전에 확정한 기간, 금리 조건으로 다시 되사가기 때문에 발행회사가 부도나지 않는 한 원리금 상환이 보장되는 안전한 투자 상품이라 하겠습니다. 특히 소액으로 채권 투자가 어려운 투자자를 위해 발행사인 금융회사가 보유한 채권을 담보로 발행하는 투자 상품으로 단기투자에 적합합니다.

보통 금융회사는 같은 금융회사로부터 단기차입을 하거나, 채권을 발행하여 장기자금을 조달하며, 보유 채권을 담보로 RP를 발행하여 투자자로부터 단기자금을 빌릴 수 있습니다. 금융회사는 수익 극대화를 위해 고유자금투자를 통해 주식에서 부동산, 채권, 기업의 인수합병에 필요한 인수금융에 이르기까지 다양한 투자 활동을 합니다. 그런데 금융회사가 투자한 채권은 금리 상승기에는 채권가격이 하락하거나 채권 수급에 따라 가격이 온탕과 냉탕을 오고 가는 가격 변동성 위험이 존재합니다. 한편, 금융회사가 사업을 영위하다 보면 부족한 자금조달을 위해 보유한 자산을 시장에 매각하거나 차입할 수가 있습니다. 만일 이때 보유한 자산을 매각하지 않고도 소유권을 유지하며 이를 담보로 활용하여 현금을 마련할 수 있다면 금융회사로서는 최적의 자금조달 방법이 될 수 있습니다.

금융회사는 RP 발행으로 채권 보유에 따른 금리변동 위험을 관리하고 자금조달 창구로도 활용할 수 있는 장점이 있으며, 투자자는 국채, 지방채, 회사채 등의 만기가 3년에서 5년일 정도로 길고, 거래금액이 최소 수십억 원 이상으로 적은 금액으로는 채권에 단기투자를 하기가 쉽지 않았던 현실에서 환매조건부채권이란 투자 상품이 나옴으로써 소액으로도 채권에 투자할 기회가 생겼다는 것에 의미가 있습니다.

RP는 증권회사 창구를 직접 방문하여 투자하거나 비대면 채널을 통해서도 투자할 수 있습니다. RP는 금융회사와 투자자 사이에 실물 채권이 오고 가는 것이 아니라 일정 기간 후에 원금과 이자를 지급한다는 약정(Agreement)을 통해 은행 예금처럼 채권 대신에 RP 통장을 통해 거래가 이루어지기 때문에 무척 편리합니다.

RP는 언제든지 돈을 찾을 수 있는 유동성과 현금화가 뛰어난 상품으로 투자기간별 만기까지 보유하여야 약정수익률이 지급되는 약정식과 그렇지 않은 자유 약정식이 있습니다. 약정식은 만일 중도에 RP를 매도하거나 만기 이후에 RP를 매도하는 때에는 경과 기간에 약정수익률의 50%를 지급하므로 본인의 자금 수요와 만기에 맞춰 자금을 운용하여야 합니다. 반면, 자유 약정식은 예치기간을 정하지 않고 수시로 자금을 인출 또는 추가할 수 있습니다.

수익 측면에서 보면, 약정식이 자유 약정식보다 다소 높다고 하겠지만, RP 역시 원금보장이 없는 금융투자상품으로 원금손실 가능성이 있다는 점 유의하여야 합니다.

7 하방은 막아주고 상방은 열린, 메자닌

메자닌(Mezzanine)은 이탈리아어로 두 층 사이의 작은 층, 중간층을 의미하는 건축용어입니다. 메자닌은 주식과 채권의 특징 모두를 가지고 있어 사모펀드에서 우선순위로 투자를 고려할 정도로 인기가 높습니다. 메자닌을 발행하는 회사 대부분은 신용평가회사로부터 신용평가를 받지 않았거나 설령 신용등급을 받더라도 투자등급 이상을 받기가 사실상 어려워 자본시장에서 자금조달이 어려운 측면이 있습니다. 채권에 투자하는 공모펀드는 자본시장법이 투자대상을 엄격하게 규정하고 있어 신용등급이 없거나, 있더라도 낮은 등급의 채권에는 투자할 수 없습니다.[50] 채권 신용등급이 낮다는 점은 투자위험이 그만큼 크다고 볼 수 있으므로 투자의 위험성을 충분히 이해하는 투자자로 구성된 사모펀드가 메자닌을 투자하는 이유입니다.

메자닌은 채권, 즉 주식 관련 사채권으로 분류하며, 전환사채(CB), 교환사채(EB), 신주인수권부사채(BW) 등이 있습니다.

50) 자본시장법은 공모펀드가 무보증사채를 편입하기 위해서는 2 이상의 신용평가기관으로부터 신용평가를 받도록 하고 있으며, 설령 신용평가등급을 받더라도 공모펀드는 높은 신용등급을 가진 채권을 편입하기 때문에 실제로 메자닌이 공모펀드에 편입되는 경우는 드문 실정입니다.

전환사채는 채권으로 보유하다 주식시장이 상승할 때 주식으로 전환하여 시장 매각을 통해 수익을 극대화합니다. 전환사채는 주식으로 전환할 수 있는 권리 혹은 주식으로 전환권이 인정되는 채권을 말하며, 일반 채권과 똑같이 만기일이 정해져 있고 만기일까지 이자가 지급됩니다.[51] 투자자는 일정 기간이 지나면 발행회사의 주식으로 전환을 하거나 만기까지 계속 보유하여 원금상환을 받을 수도 있습니다.

교환사채는 발행회사가 보유하는 자회사 또는 다른 회사의 주식을 특정 가격에 투자자와 교환해주기로 하고 발행하는 채권으로 교환사채의 교환대상은 상장 유가증권이나 자기가 발행한 주식입니다. 교환사채는 이미 발행된 주식을 교환하는 것이기에 발행회사의 자본증가가 없으며, 투자자는 채권 대신 교환되는 주식으로 받기 때문에 추가자금을 부담하지 않습니다.

신주인수권부사채(Bond with Warrant)는 발행회사의 주식을 살 수 있는 권리가 부여된 채권입니다. 채권 성격으로는 고정된 이자를 받으며, 미리 정해진 수량의 주식을 약정된 가격에 살 수 있는 권리를 행사하여 해당 회사의 주식을 받아 매각함으로써 차익을 남길 수 있습니다.

이러한 메자닌은 주식으로 전환할 수 있는 특징으로 주식연계채권이라 부릅니다. 메자닌을 발행하는 회사는 대기업보다는 신용도가 낮은 벤처·중소기업이 은행의 대출이자와 비교하여 비교적 낮은 금리로 발행 가능하다는 점에서 메자닌은 모험자본을 조달하는 창구기능을 하고 있습니다. 메자닌에 투자하는 투자자는 만기까지 보유하면서 중도에 주식으로 전환하여 매각 차익을 기대할 수 있으며, 상황이 여의치 않아 주식전환을 하지 않는 경우 만기까지 채권으로 보유하여 원금상환을 받으면 됩니다. 메자닌을 중도에 회수하는 방안으로는 최초 투자하는 때에 사채인수계약서에 지배주주의 지분매각이 있는

51) 전환사채는 주식으로 바꿀 수 있는 권리가 있으므로 일반적인 회사채보다 이자율이 낮은 편이라 할 수 있습니다.

경우에 함께 매도할 수 있는 동반 매도권인 태그 얼롱[52] 조항 또는 동반 매도 청구권인 드래그 얼롱[53] 조항을 명시하여 수익을 내는 방법이 있습니다.

자산운용사는 이러한 메자닌만을 모아 펀드를 만들어 운용하는데, 메자닌 펀드는 주식과 채권의 성격 모두를 가지고 있는 메자닌에 블라인드방식으로 투자하여 시장 상황에 맞는 유연한 운용전략을 구사합니다. 대다수의 메자닌 펀드는 중수익 · 중위험을 표방하는데, 이는 메자닌이 가지고 있는 특징으로 기대수익률과 투자위험이 주식과 채권의 중간 정도에 해당하기 때문입니다. 주식시장이 강세장인 때에는 보유 중인 메자닌을 주식으로 전환하여 매매익을 추구하며, 반대로 주식시장이 하락하는 때에는 주식으로 전환하지 않고 만기까지 보유하면서 주식으로 전환할 시기를 엿보거나 아니면 원리금을 상환받을 수도 있습니다. 또한, 자산운용사는 인수한 전환사채나 신주인수권부사채의 일정 요건이 충족되면 전환가격을 다시 조정하는 리픽싱(Refixing)을 통해 수익 극대화를 추구합니다.

---

52) 태그 얼롱(Tag-along)은 지배주주가 지분을 매각할 때 잔여 주주들도 지배주주와 같은 가격으로 최대 주주에게 주식을 매도하는 것을 말합니다.

53) 드래그 얼롱(Drag-along)은 최대 주주가 아닌 제3자에게 해당 지분을 매각할 수 있는 권리를 말합니다.

8 계좌를 품다

랩어카운트(Wrap Account)에서 Wrap은 둘러싸다, 포장하다 의 단어와 계좌를 뜻하는 Account를 합성하여 만든 금융상품입니다. 랩어카운트는 증권회사가 운용하는 간접투자상품의 하나로 투자자가 증권회사와 투자일임 계약을 체결하고, 해당 계약에 따라 투자자산을 운용한 결과에 따라 손익을 돌려받는 상품입니다.

증권회사의 랩어카운트는 투자자가 요구하는 여러 사항을 반영한 맞춤식 운용이 가능합니다. 옷으로 비유하면, 펀드가 기성복이라면, 랩어카운트는 맞춤 양복의 느낌인데, 증권회사는 투자자의 위험 성향과 투자 선호 등에 따라 주식, 펀드, 채권 등 각종 금융투자상품에 분산 투자하여 수익을 내고 있습니다. 랩어카운트는 투자대상 자산이나 투자 운용전략에 따라 주식형, 채권형, 펀드, 파생결합증권 랩 등으로 분류할 수 있으며, 투자자는 본인의 위험 성향이나 선호도에 따라 해당 상품을 선택하여 가입하면 됩니다. 예전에는 랩어카운트에 가입하기 위한 문턱이 높았으나 최근에는 금액이 많이 낮아져 많은 투자자가 양질의 투자서비스를 받을 수 있게 되었습니다.[54)]

54) 조선일보, 한두달만에 7~8%씩 수익 … 랩어카운트 인기(2023.8.16.).

주식에 투자하는 랩어카운트와 주식형 펀드에 가입한 경우를 비교하여 보겠습니다. 두 상품 비교는 어느 상품이 좋고 나쁘고를 구별하기 위한 것이 아니라 두 상품의 차이점을 통해 본인에게 맞는 투자방법을 찾기 위함입니다.

〈랩어카운트와 펀드〉

구분	랩어카운트	공모펀드
운용 주체	증권회사	자산운용사
종목 분산도	소수 종목 집중투자	다수 종목 분산 투자
운용방식	개인별 계좌 운용	통합(전체) 운용
중도 환매	수수료 없음	수수료 있음
목표 수익	절대 수익	벤치마크 추종

(i) 랩어카운트의 운용은 증권회사가, 펀드는 자산운용사가 합니다. 증권회사는 랩어카운트를 운용할 때 자산운용사와 투자 일임계약 또는 자문 계약을 체결하고 해당 계좌의 운용 등을 자산운용사에 맡길 수 있습니다.

(ii) 랩어카운트는 투자자별로 입맛에 맞는 개별 맞춤 운용이 가능합니다. 반면, 펀드는 불특정 다수로부터 자금을 모아 운용하므로 한 사람만을 위한 운용을 할 수 없습니다.

(iii) 랩어카운트는 20개 종목 내외의 압축 포트폴리오를 구성하여 집중투자를 하지만, 펀드는 개별주식의 가격 변동성 위험을 최소화하기 위해 한 종목에 투자하는 비율을 제한하는 등 많은 종목에 분산하여 투자합니다.[55] 랩어카운트가 소수 종목에 집중투자하는 만큼 높은 수익이 기대되지만, 위험성이 더 크다고 할 수 있습니다. 이에 반해 펀드는 많은 종목에 분산 투자하여 변동성이 줄어들면서 랩어카운트에 비해 수익률이 낮아지는 효과가 있습니다.

55) 자본시장법은 공모펀드가 한 종목에 투자할 수 있는 최대한도를 10%로 제한합니다.

9 부동산투자, 리츠

리츠(Real Estate Investment Trusts)는 부동산투자회사법에 따라 다수의 투자자로부터 자금을 모아 부동산에 투자하여 그 수익을 투자자에게 돌려주는 부동산 펀드의 하나로 주식회사 형태로 거래소에 상장되어 거래가 이루어집니다.

우리나라는 2024년 3월 말 현재 23개의 리츠가 상장되어 거래되고 있습니다.[56] 리츠 제도는 거액이 아니면 투자하기 어려운 부동산을 소액의 개인투자자에게 간접투자의 형태로 투자기회를 제공하기 위해 도입되었습니다. 이 제도는 1960년 미국에서 최초로 도입되었고, 우리나라는 1997년 외환위기 이후 기업이 보유한 부동산 현금화를 통해 기업구조조정을 촉진하기 위해 도입되었습니다. 리츠는 거래소에 상장되어 거래되는 상장주식을 매수하는 방법과 새로 만드는 리츠에 청약하여 투자하는 방법이 있습니다.

리츠는 수익의 90% 이상을 의무적으로 투자자에게 배당합니다. 리츠는 주식시장과 상관관계가 상대적으로 낮아 주식의 변동성 위험을 보완할 수 있고 이익의 90% 이상을 의무적으로 배당하기 때문에 정기적으로 현금이 필요한 투자자에게 적합한 투자 상품이라 할 수 있습니다.

56) 우리나라에서 가장 규모가 큰 리츠는 SK리츠로 4조 4,322억 원의 자산을 가지고 있으며, 다음 규모로는 2조 3,503억 원의 자산을 보유한 ESR켄달스퀘어리츠가 있습니다.

〈주요 국가별 상장 리츠 현황〉

구분	미국	캐나다	호주	일본	싱가포르
도입연도	1960년	1993년	1971년	2000년	2002년
상장개수	204개	36개	47개	60개	39개
시가총액	약 1,610조	약 63조	약 115조	약 152조	약 93조
배당수익률	4.4%	5.4%	4.9%	6.8%	7.6%
시장규모/GDP	5.9%	2.7%	6.3%	2.6%	19.7%

〈출처 : 한국리츠협회, 2023.3월 말 기준〉

리츠 투자에 따른 이점은 (i) 부동산투자회사법에 따라 임대수익이나 매각차익에 따른 이익의 90% 이상을 투자자에게 배당해야 하므로 다른 펀드보다 높은 배당수익을 기대할 수 있습니다. (ii) 거래소에 상장되어 거래가 이루어지기 때문에 일반 부동산 펀드와 다르게 매매를 통한 즉시 현금화가 가능하며, 투자대상 또한 투명하게 공개되어 있어 어느 부동산에 투자되어 있는가를 쉽게 알 수 있습니다. (iii) 리츠는 다수 투자자로부터 자금을 받아 운용하므로 여러 부동산에 나누어 분산 투자를 합니다. 따라서 일부 부동산에 공실이 발생하여 임대수익이 들어오지 않더라도 하나의 부동산에만 투자하는 경우보다 위험 분산효과가 뛰어납니다. (iv) 리츠는 부동산투자 경험이 풍부한 전문가 집단이 운용하며, 부동산 관리와 시설유지를 위한 업체 등을 선정하여 감독하기 때문에 부동산에 직접투자를 하는 것보다 비용과 수고스러움을 덜 수 있습니다. (v) 리츠는 감독기관인 국토교통부에서 정기적으로 관리와 감독을 하고 있으며, 리츠에 관한 투자보고서 등이 분기 및 연간 기준으로 리츠 정보시스템에 등록되어 공시가 이루어지므로 투자자의 투자판단에 많은 도움을 주고 있습니다. 리츠에 관한 상세한 내용은 한국리츠협회를 통해 알 수 있습니다.

〈리츠와 부동산 펀드〉

구분	리츠	부동산 펀드
운용자	자산관리회사[57]	자산운용사
관련 법령	부동산투자회사법	자본시장법
현금화	용이	어려움
세금부담	작음	큼
투자금액	소액	목돈
투자비클	투자회사	투자신탁, 투자회사
배당금	90% 이상	-

57) 자산관리회사(AMC)는 리츠를 운용하는 회사로 부동산투자회사법 제22조의3에 따라 국토교통부로부터 설립인가를 받아야 합니다. 설립요건은 (i) 자기자본 70억 이상, (ii) 상근 자산운용인력 5인 이상, (iii) 전산설비와 그 밖의 물적 설비를 갖추어야 합니다.

10 투자위험을 줄여주는 파생상품

파생〈派生〉이란 단어는 사물이 어떤 주체로부터 갈려 나와 생기는 것으로 정의됩니다.[58] 자본시장에서 파생상품은 환율이나 주가의 시세 변동 등에 따른 투자 손실위험을 줄이기 위해 주식, 통화, 금리와 같은 기초자산의 가치 변동을 통해 수익이 결정되는 투자 상품입니다. 자본시장법상 파생상품은 다음 어느 하나에 해당하는 계약상의 권리를 말합니다.[59]

〈파생상품의 정의〉

· 기초자산이나 기초자산의 가격·이자율·지표·단위 또는 이를 기초로 하는 지수 등에 의하여 산출된 금전 등을 장래의 특정 시점에 인도할 것을 약정하는 계약

· 당사자 어느 한쪽의 의사표시에 의하여 기초자산이나 기초자산의 가격·이자율·지표·단위 또는 이를 기초로 하는 지수 등에 의하여 산출된 금전 등을 수수하는 거래를 성립시킬 수 있는 권리를 부여하는 것을 약정하는 계약

58) 파생(派生)의 사전적 정의는 '사물이나 현상이 본체로부터 갈려 나와 생기는 것'을 말하는데, 파생상품을 가리키는 derivatives도 원래 '유래, 파생하다'라는 단어에서 출발한 것입니다. 그래서 파생상품은 옥수수, 쌀, 주식, 원유 등과 같은 실체가 있다면 무엇이든지 상품화할 수 있습니다.

59) 자본시장법 제5조 제1항.

· 장래의 일정기간 동안 미리 정한 가격으로 기초자산이나 기초자산의 가격 · 이자율 · 지표 · 단위 또는 이를 기초로 하는 지수 등에 의하여 산출된 금전 등을 교환할 것을 약정하는 계약

파생상품은 가격 변동성 위험을 줄이는 금융투자상품입니다. 투자에 따르는 위험은 가격상승과 하락에 의한 가격 변동성 위험입니다. 예를 들어, 우리는 주가 및 금리변동에 노출되는 주식과 채권가격의 변화, 환율변화에 따르는 기업의 손익, 원자재 가격변동에 의한 제품가격의 상승과 하락처럼 항상 가격변동에 좌우되는 세상에 살고 있습니다. 그래서 사람들은 선물과 옵션으로 대표되는 파생상품을 고안하여 이러한 가격변동위험을 감소시켜 안정적인 경제활동이 가능하도록 도와주는 도구를 만들었습니다.

파생상품을 구성하는 기본상품을 기초자산(Underlying Asset)이라 합니다.[60] 파생상품은 증권거래소에서 거래되는 장내파생상품과 증권거래소 밖에서 거래되는 장외파생상품으로 구분합니다. 장내파생상품은 표준화, 정형화, 안정성을 바탕으로 거래소에서 대량거래가 이루어집니다. 예를 들어, 선물은 거래소에서 대량, 비대면으로 거래가 이루어지는데, 매일 투자자의 선물계좌에서 차액정산이 이루어지는 등 가격이 투명하게 형성되는 것이 장점입니다. 장외파생상품은 거래소 밖에서 거래가 이루어지는 상품으로 거래소에서 거래와 결제가 이루어지지 않고 금융회사를 통한 대면 거래로서 일대일 거래가 이루어지는 맞춤식 상품이라 할 수 있습니다. 대표적인 상품으로 자산운용사가 펀드 운용을 위해 환율위험을 헤지 하는 ISDA 계약이 있습니다.

60) 기초자산은 주식, 채권, 금리, 실물자산, 통화 등을 말하는데, 이러한 기초자산을 바탕으로 만든 상품이 선물·옵션이라는 파생상품입니다. 파생상품은 이러한 기초자산의 가치 변동에 따라 그 가격이 정해집니다.

〈장내파생상품 종류〉

구분	상품 종류
지수상품	(1) 코스피200 선물·옵션 (2) 미니코스피200 선물·옵션 (3) 개별 주식선물·옵션 (4) 변동성지수선물 (5) 섹터지수선물 (6) 배당지수선물 (7) 코스닥150선물 (8) ETF선물
금리상품	(1) 3년 국채선물 (2) 5년 국채선물 (3) 10년 국채선물
통화상품	(1) 미국달러 선물·옵션 (2) 엔선물 (3) 유로선물 (4) 위안선물
일반상품	(1) 금선물 (2) 돈육선물

파생상품은 투자자에게 노출된 가격변동 위험을 회피하게 하는 수단을 제공합니다. 예를 들어, 장차 주식이 상승할 것으로 기대되어 콜옵션을 매수하면 이에 상응하는 프리미엄을 매도자에게 지급합니다. 그런데 예상과 다르게 주가가 하락하면 매수인은 주식 살 권리를 포기하고 이미 지급한 프리미엄을 손실로 처리하면 됩니다. 반대로 주식 현물을 보유하고 있는데, 주식이 하락할 것이라 예상되어 주식을 매도했는데, 반대로 주식이 상승하면 손실이 발생합니다. 이때 주가 상승을 예상한 투자자는 콜옵션을 매수하거나, 풋옵션 매도, 주가지수선물을 매수함으로써 위험을 회피할 수 있습니다. 반면, 주가 하락을 예상하는 투자자는 콜옵션을 매도하거나, 풋옵션을 매수하며, 주가지수선물을 매도함으로써 가격위험을 회피할 수 있습니다.

파생상품은 신중하게 투자하여야 합니다. 특히 콜옵션 매도는 기초자산인 주식이 상승할 경우, 무한대로 손실이 커지기 때문에 대부분 금융회사는 콜옵션 매도를 금지하고 있습니다. 왜냐하면, 파생상품은 권리를 사고파는 것이므로 매도자는 매수자의 권리 행사에 반드시 응해야 하기 때문입니다.

선물은 거래소에서 정형화, 표준화된 형태로 대량거래가 이루어지는 파생상품입니다. 선물은 상승과 하락이라는 방향성에 투자하는 것으로 매수와 매도 포지션에 따른 가격변동, 즉 시장 방향성에 투자하여 수익이 결정되는 투자상품입니다.

〈선물과 현물〉

구분	선물	현물 주식
보유기간	만기 있음	무제한(매도 시까지)
투자금액	거래금액 15% (개시증거금)	투자금액 전액 필요
레버리지	최대 10배 효과 (유지증거금 10%)	없음 일부 신용거래 있음

우리나라의 주가지수 및 개별 주식선물 만기일은 3 · 6 · 9 · 12월의 두 번째 목요일입니다. 선물거래는 1계약으로 표시되며, 이때 선물 1계약 금액은 해당 월의 포인트(거래가격)에 거래 승수(현재 25만 원)를 곱하여 계산합니다. 예를 들어, 코스피 200지수가 100포인트라면 100 곱하기 250,000원을 하여 2,500만 원이 됩니다. 그런데 선물거래를 처음 하는 투자자는 1계약인 2,500만 원을 거래하기 위해서는 15%에 해당하는 375만 원의 개시증거금이 있어야 하며, 선물계약을 유지하기 위해서는 보통 10% 정도의 증거금이 있어야 합니다.

선물은 매일 가격변동에 따라 손익이 달라집니다. 그래서 거래소는 거래상대방의 신용위험을 줄이기 위해 매일 정산결제를 하고 있습니다. 이때 계좌증거금 잔액이 유지증거금 250만 원 아래로 떨어지면 250만 원과의 차액이 아닌 개시증거금인 375만 원에 부족한 금액만큼을 현금으로 추가하여야 선물계약이 유지됩니다. 이때 현금추가를 마진콜(Margin-Call) 이행이라 합니다.

옵션은 미리 정해 놓은 기간인 만기일에 특정 기초자산을 정해 놓은 행사가격에 사고파는 권리(콜·풋)를 말하며, 매수자는 권리를 취득하며, 매도자는 의무를 부담합니다. 옵션거래는 이익 가능성을 무한대로 하고, 손실은 옵션금액으로 지급한 프리미엄으로 제한됩니다. 우리가 일상생활을 하면서 입버릇처럼 무엇을 할 때 옵션, 즉 선택권을 가지고 있다고 합니다. 쉽게 이야기하면 지금 다니는 회사 A에 있을 것인가 아니면 새로운 회사인 B로 이직할 것인지, 어떤 것을 선택할 상황에 놓일 때 옵션을 가지고 있다고 합니다. 가능하다면, 이직에 따른 위험을 줄이고 직업 안정성을 위해 몇 달 정도만 B사로 이직해서 일단 일을 해 보고 마음에 들지 않으면 다시 A사로 돌아갈 수 있는 옵션만 있다면, 높은 급여를 주겠다는 B사로 무조건 갈 것입니다. 그런데 이런 옵션은 개인에 전속된 것이라 이것을 상품화하고 거래를 표준화시켜 시장에서 사고파는 것이 불가능합니다. 그래서 사람들이 사고파는 것이 가능한 상품을 고안하고 그 상품들을 사고파는 권리를 매매하는 것이 옵션이라는 금융상품입니다. 특정 기초자산은 사고파는 권리의 객체, 즉 거래대상을 말하므로 앞서 살펴본 대로 사람에게 속하는 전속적인 권리와 불법적인 것이 아니라면 모두가 거래대상이 될 수 있습니다.

옵션거래의 단위는 1계약으로 표시됩니다. 1계약은 포인트에 거래 승수인 250,000원을 곱한 금액입니다. 예를 들어, 가격이 1.5인 콜옵션 1계약을 매수하면 옵션 금액은 1.5 곱하기 250,000원으로 375,000원이 됩니다. 옵션은 매월 두 번째 목요일에 권리 행사를 할 수 있으며, 거래를 위해서는 옵션 매수금액 전액을 증거금으로 현금을 지급하여야 가능합니다.

옵션에서 미리 정한 기간 안이란 옵션 만기일로 어떤 상품을 거래하는 마지막 날을 뜻합니다. 옵션에서는 매달 두 번째 주 목요일이 만기이므로 반드시 이때 거래를 종료하여야 합니다. 앞서 설명한 것처럼 옵션은 만기일에 미리 사고파는 가격인 행사가격을 정하고, 투자자는 본인이 생각하는 적정가격이 아니라면 살 권리 또는 팔 권리를 포기하면 그만입니다.

옵션은 살 권리(Call)와 팔 권리(Put)가 있습니다. 주식은 변동성이 큰 투자상품입니다. 상승하면 좋지만 급락한다면 큰 손실이 발생할 수 있습니다. 그래서 가격 움직임을 줄이기 위해 옵션을 이용하여 위험을 회피할 수 있습니다. 앞으로 주식시장 상승이 예상되면 콜옵션을 매수하고, 하락한다고 생각하면 풋옵션을 매수하면 됩니다. 그리고 예상과는 반대로 주식시장이 움직이면 권리를 포기하고 옵션 매수 프리미엄을 포기하면 그만입니다.

콜옵션은 사는 권리를 사고팔며, 프리미엄을 현금으로 주고받습니다. 콜옵션을 샀다는 뜻은 콜옵션을 판 사람으로부터 미리 정해 놓은 행사가격으로 정해 놓은 기간 안에 그 상품을 살 수 있는 권리를 취득했다는 의미입니다. 예를 들어, 현재 코스피 주가지수가 3,000포인트이고, 코스피 주가지수에 대한 행사가격이 3,000포인트인 콜옵션이 있습니다. 이때 코스피 주가지수가 3,100포인트로 상승하면, 매수한 사람은 행사가격이 3,000포인트이기에 그것을 행사하여 이익을 낼 수 있습니다. 반대로 주가지수가 2,900포인트로 하락하면 행사가격인 3,000포인트로 살 수 있는 권리를 포기하면 되므로 손실이 프리미엄만큼 제한됩니다.

콜옵션을 팔았다는 의미는 미리 정해 놓은 행사가격으로 정해 놓은 기간 안에 그 상품을 살 수 있는 권리를 넘겨주었다는 뜻입니다. 즉, 매도는 의무를 부담하는 것입니다. 만일 상대방이 그 권리를 행사하면 따라야 하는 의무가 발생하는 대신 그에 따른 프리미엄을 받습니다. 그래서 콜옵션을 매도하게 되면 가격이 하락할수록 유리하지만 얻을 수 있는 이익은 프리미엄에 한정됩니다. 반면, 해당 상품가격이 상승하면 그 손실은 상승한 만큼 커지기 때문에 그 손실의 끝을 알 수 없습니다. 그래서 금융회사에서는 이런 이유로 콜옵션 매도를 금지하고 있습니다.

풋옵션은 팔 권리를 사고팔며, 프리미엄을 주고받습니다. 풋옵션을 매수한다는 의미는 풋옵션을 파는 사람에게 미리 정한 행사가격으로 일정한 기간 안에 지정한 상품을 팔 수 있는 권리를 취득했다는 뜻입니다. 예를 들어, 코스피 주가지수가 3,000포인트 수준이고, 행사가격이 3,000포인트인 풋옵션 매수를 한 경우, 이후 코스피 주가지수가 2,500포인트로 하락하더라도 여전히 3,000포인트 수준으로 매도할 권리를 지니고 있어 시장에서 2,500포인트에 사서 3,000포인트에 매도하는 것이 가능합니다. 그래서 풋옵션 매수는 기초상품이 하락할수록 수익이 가능하며, 반대로 가격이 상승한다면 내가 지급한 가격, 프리미엄만 포기하면 되므로 손실은 제한적입니다. 반대로 풋옵션을 팔았다는 의미는 특정 상품에 미리 정한 가격으로 정해진 기간 안에 해당 상품을 팔 수 있는 권리를 넘겨주었다는 것으로, 옵션을 매수한 사람이 권리를 행사하면, 따라야 하는 의무가 생겨납니다. 대신 일정한 돈을 프리미엄으로 받을 수 있습니다. 그래서 풋옵션 매도는 미리 받은 프리미엄만큼이 이익이 되지만, 반대로 가격이 하락하면 그 손실은 계속 커지게 됩니다.

11 노후 안전망, 반드시 알아야 하는 연금

학교를 마치고 사회에 진출했던 첫날의 설렘을 기억하시나요? 회사에 처음 출근하며 가졌던 설렘과 기대감은 여전하신가요? 한 사람의 생애주기에서 가장 큰 비중을 차지하는 것은 사회생활입니다. 사회에 첫발을 내딛는 26세 남성이 60세까지 사회생활을 한다고 가정하면, 34년 동안 사회생활을 하게 됩니다. 그가 만약 100세까지 산다면 유년기 시절 8년과 학창시절 16년을 제외한 34년은 그의 인생에서 절반 가까이 차지합니다.

우리는 하루가 다르게 변하는 초 정보화 사회에서 살고 있습니다. 그만큼 우리가 배워야 할, 알아야 하는 내용도 어제 다르고 오늘 다를 정도로 정보가 넘쳐나고 빠른 속도로 변하고 있습니다. 이제 공부는 학교를 졸업하면 그만인 시대가 아니라 평생 매일 새로운 정보를 얻어 내 것으로 만들어야 하는 시대가 되었습니다. 사회초년생으로 우리가 알아야 할 것들은 많이 있지만, 그중에서도 반드시 알아야 하는 것 중 하나가 연금제도가 아닐까 합니다.

연금제도는 크게 공적연금인 국민연금과 사적연금인 퇴직연금과 개인연금이 있습니다. 퇴직연금은 1년 이상 근무하면 지급되던 퇴직금을 연금형태로 전환한 것입니다. 회사는 1년 이상 근무한 직원을 대상으로 퇴직급여를 금융기관에 적립하고, 이 적립금을 회사 또는 본인이 적립금을 운용하다가 만 55세 이후에 연금 또는 일시금으로 수령 하는 제도입니다. 국민연금과 퇴직연금 중 확정기여형(DC)에 가입하면, 사회생활이 시작되면서 강제적으로 월급에서 자동으로 인출되어 만60세까지 적립됩니다. 반면, 확정급여형(DB)은 매월 적립 되지 않고 본인이 회사를 퇴사하는 때에 퇴직금을 일시금으로 받거나 아니면 개인형 퇴직연금계좌인 IRP로 받습니다.

퇴직연금은 확정급여형 퇴직연금(DB : Defined Benefits Retirement Pension)과 확정기여형(DC : Defined Contribution Retirement Pension)이 있습니다. 이러한 구분법은 퇴직연금을 누가 운용하며, 운용결과에 따른 손익을 누구의 책임으로 하느냐에 있습니다. 먼저 확정급여형 퇴직연금제도에 관해 알아보겠습니다.

확정급여형 퇴직연금은 회사를 그만둘 때 받을 퇴직급여가 사전에 확정되는 지급방식입니다. 일반적으로 퇴직금은 퇴직 시 30일분의 평균임금에 근무 기간을 곱하여 산출합니다. 이때 회사는 직원에게 퇴직금을 지급하는 대신 퇴직연금 부담금을 적립하여 회사 책임으로 운용하다 직원이 받을 퇴직급여를 퇴직하는 때 정액으로 지급해야 합니다. 회사는 지급할 퇴직금이 사전에 확정되어 있으므로 자칫 적립금 운용에 실패할 경우, 적립된 퇴직금과 그 부족한 금액을 부담해야 하므로 회사는 적립금 운용에 주의를 다해야 합니다. 여러분은 이렇게 운용된 퇴직금을 퇴직하는 때 IRP 계좌를 통해 일시금 또는 연금으로 받을 수 있습니다.

확정기여형 퇴직연금은 회사가 내야 하는 부담금이 매년 근로자의 연간 임금총액에서 1/12에 해당하는 금액이 본인 계좌에 지급되는 방식으로 확정급여형과는 다르게 적립된 퇴직금을 본인이 운용하는 방식입니다. 이 제도는 직접 자신이 퇴직연금 적립금을 채권형 펀드, 혼합형 펀드와 주식형 펀드, ETF와 같은 위험자산에 최대 70%까지 운용 가능합니다. 적립금 총액에서 위험자산이 70%를 초과하지 못하도록 한 것은 연금 자체가 노후 안전망 역할에 충실하도록 하기 위해서입니다. 만일 위험자산에 100%까지 투자를 허용한다면 수익과 손실 변동성이 너무 커져서 처음 연금을 도입한 취지에 벗어

나기 때문입니다. 이 제도는 고액의 연봉을 받거나, 회사를 자주 이직하는 사람에게 적합합니다.

마지막으로 개인형 퇴직연금제도(IRP : Individual Retirement Pension)가 있습니다. 여러분이 회사를 옮기거나 혹은 다니던 회사를 퇴직하면서 받은 퇴직급여를 일시금으로 인출 하지 않고 하나의 금융회사에 개인 퇴직계좌를 개설하여 퇴직금을 운용하는 제도입니다. IRP 역시 본인이 계좌를 운용한 결과에 따라 적립금이 달라지며, 주식형 펀드와 ETF의 경우, 위험자산으로 분류되어 최대 70%까지 투자할 수 있습니다.

IRP는 일부 인출이 가능하지 않지만, 본인이나 부양가족이 질병 등으로 6개월 이상 요양하는 경우, 개인회생 절차가 개시되거나 파산선고를 받는 경우, 무주택자가 본인 명의의 주택을 사거나 임차보증금을 내야 하는 경우와 같이 특별한 사정이 있는 경우에는 계좌를 해지하지 않고 중도인출이 가능합니다. 다음은 퇴직연금제도의 주요 특징입니다.

〈퇴직연금 제도〉61)

구분	확정급여형 (DB)	확정기여형 (DC)	개인형 퇴직연금
적립금 운용 주체	회사	개인	개인
적립금 부담액	회사의 적립금 운용결과에 따라 회사의 부담금 결정	연간 임금총액의 1/12 비율로 확정	없음
퇴직급여액	확정	변동	변동
세액공제 혜택	없음	본인 추가금만큼	본인 추가금만큼
중도인출	불가	가능	가능
적합한 회사	정년 보장 등 고용이 안정된 회사	연봉제 회사 또는 직장이동이 빈번한 개인	퇴직일시금 수령자 및 이직자

61) 하나은행 퇴직연금안내(https://pension.kebhana.com).

그동안 퇴직연금 적립금 규모는 매년 급속도로 성장하고 있습니다. 2019년 221.2조 원에서 2022년 말에는 335.9조 원으로 전년 대비 매년 15%를 넘는 성장세를 지속하고 있습니다. 제도유형별로는 확정급여형이 192.4조 원으로 57.3%, 확정기여형이 85.9조 원인 25.6%, 개인형 퇴직연금인 IRP의 적립금이 57.6조 원으로 17.2%를 차지하고 있습니다.

〈적립금 현황〉

구분	2019년	2020년	2021년	2022년
적립금 (조원)	221.2	255.5	295.6	335.9
증감률(%)	16.4	15.5	15.7	13.6

반면, 연간 투자수익률은 가입자의 무관심으로 적극적인 투자가 이루어지지 않으면서 은행의 정기예금처럼 안정적인 자산에 적립금이 주로 투자된 탓에 연간 수익률이 2017년 1.88%, 2018년 1.01%, 2019년 2.25%, 2020년 2.58%, 2021년에는 2.00%, 그리고 2022년에는 0.02%를 기록하였습니다. 2022년 기준으로 국내 퇴직연금의 88.7%인 298조 원은 예 · 적금 등 원리금 보장형 상품에 가입되었으며, 펀드, ETF 등처럼 위험자산인 실적배당상품은 37.9조 원으로 비중이 11.3%에 불과하여 이런 초라한 수익률을 기록한 것으로 보입니다.[62)]

이에 정부는 가입자의 수익률을 올리기 위해 2022년 10월부터 금융회사가 퇴직연금 적립금을 알아서 운용하는 사전지정 운용제도인 디폴트 옵션을 시행하였습니다.[63)] 이러한 디폴트 옵션이 활성화되면 그동안 연 1~2%대에 머물렀던 퇴직연금의 투자수익률이 상승할 것으로 기대됩니다.

---

62) 고용노동부, 금융감독원, 2022년도 퇴직연금 적립 및 운용현황 분석, 1~2면(2023.7.).

63) 디폴트 옵션이란 퇴직연금 가입자가 일정 기간 아무런 운용 지시를 내리지 않으면 사전에 정해둔 상품에 자동으로 퇴직연금이 운용되는 제도를 말합니다. 미국은 2006년, 영국은 2008년, 호주는 2013년에 퇴직연금 디폴트 옵션을 도입하였습니다.

디폴트 옵션에 가입할 수 있는 퇴직연금제도는 가입자가 적립금을 직접 운용하는 확정기여형인 DC형과 개인형 퇴직연금제도인 IRP입니다. 반면, 회사가 가입자를 대신하여 운용하는 확정급여형 제도인 DB형은 디폴트 옵션의 대상이 아닙니다. 디폴트 옵션 금융상품은 초저위험·저위험·중위험·고위험으로 구분되며, 디폴트 옵션의 금융상품은 (i) 원리금 보장형 상품 (ii) TDF 펀드 (iii) 밸런스드 펀드(BF) (iv) 스테이블 밸류 펀드(SVF) (v) 사회간접자본 펀드(SOC) (vi) 펀드와 원금보장 상품을 혼합한 포트폴리오형 등이 있습니다.

〈디폴트 옵션이 가능한 펀드 유형〉

구분	운용특징
TDF 펀드	투자목표 시점을 미리 정하고, 운용 기간이 경과하면서 위험이 낮은 자산의 비중을 증가시키는 방향으로 자산 배분을 변경하는 펀드
밸런스드펀드(BF)	투자위험이 다른 다양한 자산에 분산 투자하고, 금융시장 상황과 자산가치 변동을 고려해 주기적으로 자산을 배분하는 펀드
스테이블밸류펀드(SVF)	주로 단기금융상품 등에 투자하여 투자손실을 최소화하여 안정적인 수익을 추구하는 펀드
사회간접자본펀드(SOC펀드)	국가와 지방자치단체가 사회기반시설에 투자하는 펀드

〈출처 : 미래에셋증권 홈페이지〉

12 보험금액이 실적에 따라 변하는 변액보험

보험상품은 미래에 발생할 위험보장을 목적으로 우연한 사건 발생에 관하여 금전 및 그 밖의 급여를 지급할 것을 약정하고 이에 따른 대가를 수수하는 계약을 말합니다. 우리가 아는 자동차보험이나 실손 보험은 손해보험회사가, 생명보험이나 변액보험은 생명보험회사가 취급합니다.

생명보험회사의 보험상품에는 사전에 정해진 이자율에 의해 보험금액이 확정되는 정액보험과 보험금액이 운용실적에 따라 연동되는 실적배당형 투자상품인 변액보험이 있습니다. 보험회사는 정액보험 등을 운용하는 일반계정과 변액보험으로 대변되는 특별계정을 운용합니다. 보험회사의 특별계정은 연금저축·퇴직보험계약 및 변액보험 등으로 구성되어 있으며, 변액보험에는 다양한 펀드가 상품으로 구비 되어 있습니다. 여러분이 변액보험에 가입한다는 의미는 다양한 펀드에 내 돈이 투자된다는 것을 의미합니다. 생명보험회사는 자신이 직접 특별계정을 운용하지 않고, 해당 자산의 운용을 자산운용사에 위탁하고 있습니다. 따라서 변액보험은 어느 생명보험회사의 보험상품인가가 중요하지 않고, 어느 자산운용사가 위탁 운용을 하는가가 수익률에 있어서 중요합니다.

변액보험은 고객이 납입한 보험료 전액이 펀드에 투자되지 않습니다. 생명보험회사는 보험계약 체결유지를 위한 유지비용으로 보험설계사의 계약모집수당 등과 같은 사업비와 보험사고 발생 시에 지급하는 보험금에 사용되는 위험보험료를 차감하고 그 잔액을 펀드에 투자합니다(변액보험 투자금액 = 투자원금 - 사업비 - 위험보험료). 그래서 중도에 돈을 찾게 되면 납입 금액보다 적어 적지 않은 민원이 발생 되고 있습니다.

변액보험은 10년 이상 투자하는 장기상품입니다. 변액보험은 가입 후 10년까지 계약체결 비용인 보험설계사의 모집수당이 공제되고, 중도에 돈을 찾는다면 비용이 추가로 발생하므로 지급금액이 납입 보험료에 비해 적어질 수 있습니다. 또한, 펀드 보수와 비용 등이 공모펀드보다 저렴하고 10년 유지 시에는 비과세 혜택이 있어 장기투자에 유리합니다.

변액보험은 실적배당형 상품입니다. 변액보험은 은행의 예·적금이나 펀드로 알고 가입하고 있지만, 원금손실 가능성과 투자실적에 따라 수익이 결정되는 투자 상품이기에 예금자 보호가 되지 않습니다. 또한, 본인이 납입한 보험료 전액이 펀드에 투자되지 않아 일반 펀드와 차이가 있다는 점은 유의할 필요가 있습니다.

13 믿음을 맡기다

신탁은 믿고 맡기는 것을 의미합니다. 신탁에서 금전, 자산을 맡기는 사람을 위탁자, 이 자산을 맡는 사람은 수탁자라 하는데, 주로 은행이나 증권회사가 신탁 업무를 수행합니다. 신탁은 위탁자가 맡기는 자산의 종류에 따라 금전을 맡기면 금전신탁, 부동산을 맡기면 부동산신탁, 유가증권은 유가증권신탁 등으로 분류하고, 위탁자의 자산을 운용하여 발생한 수익을 위탁자 본인 또는 본인이 지정한 수익자에게 지급합니다. 우리나라에서 신탁에 관한 일반적인 사법적인 관계를 규율하는 신탁법상 신탁의 정의는 다음과 같습니다.

〈신탁법상 신탁의 정의〉

· 이 법에서 "신탁"이란 신탁을 설정하는 자(이하 "위탁자"라 한다)와 신탁을 인수하는 자(이하 "수탁자"라 한다) 간의 신임관계에 기하여 위탁자가 수탁자에게 특정의 재산(영업이나 저작재산권의 일부를 포함한다)을 이전하거나 담보권의 설정 또는 그 밖의 처분을 하고 수탁자로 하여금 일정한 자(이하 "수익자"라 한다)의 이익 또는 특정의 목적을 위하여 그 재산의 관리, 처분, 운용, 개발, 그 밖에 신탁목적의 달성을 위하여 필요한 행위를 하게 하는 법률관계를 말한다. (제2조)

신탁은 마치 물과 흡사하여 어떤 형태의 금융상품이라도 만들 수 있습니다. 물은 그 본질은 변하지 않으면서 어떤 용기 등에 담느냐에 따라 물의 형태는 제각각입니다. 예를 들어, 물의 모습은 바다, 호수, 강, 냇가나 네모, 세모의 용기 모양에 따라 변합니다. 신탁을 물에 비유한 이유는 신탁을 이용해 금융을 다양하게 디자인할 수 있기 때문입니다. 그만큼 신탁은 어떤 금융상품이라도 만들 수 있을 정도로 만능 재주꾼이라 하겠습니다.

위탁자는 본인 재산을 맡기는 사람입니다. 위탁자는 내가 가지고 있는 자산(신탁재산)을 금융회사(수탁자)에 맡길 때 신탁의 종류, 기간, 운용 방법 등을 특정할 수 있으며, 수익자를 지정하거나 변경할 수 있습니다.

수탁자는 재산을 맡아 관리 · 운용하는 사람입니다. 수탁자는 증권회사, 은행, 보험회사, 신탁회사가 담당합니다. 수탁자는 위탁자로부터 신탁재산을 받아 신탁목적에 따라 해당 업무(운용 및 관리)를 처리하고 보수를 받습니다.

수익자는 수탁자로부터 이익을 받는 사람을 말합니다. 맡기는 사람(위탁자)이 수익자를 지정하거나 변경할 수 있는데, 위탁자 본인이 수익자인 경우는 자익(自益)신탁이라 하며, 내가 아닌 다른 사람을 수익자로 지정하는 경우는 타익(他益)신탁이라 합니다.

신탁은 맡기는 재산의 종류에 따라 금전을 맡기는 경우와 부동산이나 유가증권 등을 맡기는 경우로 구분할 수 있습니다. 금전신탁은 말 그대로 금전 즉, 현금을 맡기는 신탁을 말합니다. 이것은 주로 은행이나 증권회사에서 많이 취급합니다. 위탁자(투자자)로부터 돈을 받아 유가증권 등에 투자하고 그 수익을 수익자에게 되돌려 주는 신탁입니다. 금전신탁은 수탁자가 사전에 투자대상을 미리 정하고 이를 위탁자가 승낙하고 수탁자가 운용하는 특정금전신탁과 수탁자가 투자대상을 특정하지 않고 자율적으로 운용하여 수익을 돌려주는 불특정금전신탁으로 구분합니다. 지금은 특정금전신탁만 이용할 수 있으며, 불특정금전신탁은 신규로 취급하지 않고 있습니다. 특정금전신탁은 펀드인 집합투자와 다르게 일대일 계약관계를 통해 운용이 이루어진다는 점에서 비슷한 점도 있지만 서로 다른 투자 상품입니다.

부동산신탁은 부동산을 신탁회사에 맡기는 신탁을 말합니다. 부동산소유자는 수탁자인 부동산신탁회사와 신탁계약을 체결하고 본인이 소유한 해당 부동산을 수탁자에게 소유권을 이전하여 수탁자 명의로 신탁등기를 하게 됩니다. 수탁자는 신탁계약에서 정한 목적 달성을 위하여 신탁부동산을 개발 · 관리 · 처분 등의 운용을 하며, 신탁재산이 수익자에게 교부되면 신탁은 종료하게 됩니다.

일반적으로 재산은 소유자의 신용 악화 또는 연체가 발생하면 채권자의 압류 위험이 있습니다. 하지만, 신탁을 통해 재산을 수탁자로 이전하면 해당 재산의 강제집행이나 경매 등이 금지되어 재산 소유자(위탁자)와 맡긴 재산(신탁재산)과의 분리로 안전하게 관리할 수 있습니다. 이외에도 신탁이 갖는 장점은 (i) 증권회사, 은행, 부동산 신탁회사처럼 전문적인 금융회사가 신탁재산을 운용하고 돈을 불려줍니다. (ii) 신탁은 투자자와 일대일 계약을 맺기 때문에 투자자가 원하는 바에 맞게 맞춤식 설계가 가능합니다. (iii) 신탁은 금전, 부동산, 증권 등 모든 재산을 대상으로 종합적인 자산관리가 가능합니다. 또한, 고령화 시대에 맞는 새로운 유형의 신탁상품으로 유언대용신탁, 상속에 유용한 수익자 연속신탁과 같은 가사신탁이 가능합니다.

최근에는 금전신탁이나 부동산신탁에 못지않게 인구 노령화와 고령화에 맞춘 민사신탁이 향후 주류 상품으로 자리매김하지 않을까 예상되는 만큼 신탁은 많은 관심을 가져야 할 분야입니다.

14 단기자금 굴리기에 적합한 MMF · CMA

MMF는 투자자가 사전에 어느 정도 사용처가 정해진 자금을 단기로 운용하는 대표적인 간접투자상품으로 자산운용사의 펀드 가운데 하나입니다. MMF는 머니마켓펀드(Money Market Fund)의 약칭으로, 투자자가 중도에 돈을 찾더라도 환매수수료가 없는 단기 목돈을 굴리기에 적합한 상품입니다. 예를 들어, 투자자가 일주일 뒤 전세금을 지급한다면, 은행의 보통예금에 가입하기보다는 MMF에 가입하는 것이 합리적인 선택이라 하겠습니다.

MMF의 가장 큰 장점은 투자자가 언제든지 자유롭게 입 · 출금이 가능하고, 투자금액에 제한이 없으며, 중간에 돈을 인출 하더라도 환매수수료가 없다는 것입니다. MMF는 투자자가 단기자금을 일시적으로 맡기는 상품이기 때문에 회사채에 주로 투자하는 채권형 펀드와 다르게 신용도가 높은 채권과 현금을 마련하기 쉬운 자산에 집중투자합니다. MMF는 주로 국공채와 양도성 예금증서, 기업어음과 같은 만기 1년 미만의 단기 금융상품 등에 집중투자하므로 회사채 등에 주로 투자하는 일반적인 채권형 펀드보다 수익률은 낮지만, 안정성을 높이고 변동성은 줄이는 운용전략으로 엄격한 자산운용규제를 받고 있습니다.

투자자는 MMF의 운용성과가 좋거나 자산운용 규모(AUM : Asset Under Management)가 큰 자산운용사의 MMF에 투자하는 것이 좋습니다. MMF는 주로 국채나 남은 만기가 1년 이내인 지방채, 어음 등에 투자하는데, MMF의 순 자산 규모가 큰 펀드는 금리변동이나 대량인출에 의한 영향을 덜 받기에 수익률이 그만큼 안정적이라 할 수 있습니다. MMF가 투자하는 단기 자산은 시가가 아닌 장부가로 평가합니다. 이는 MMF가 단기투자 상품으로 경제 상황이나 금융환경 변수에 따라 움직이는 금리변동 위험성을 낮추어 안정적인 수익을 제공하기 위해서입니다. 특히 일반 펀드가 돈을 찾는데 최소 3일 이상 걸리지만, MMF는 당일 환매도 가능하여 환금성이 뛰어난 상품으로 인기가 높습니다. MMF 역시 펀드이므로 은행, 증권회사에서 가입할 수 있으며, 자산운용사의 MMF마다 각각 다른 수익률로 운용되기 때문에 여러 회사를 비교한 후 투자가 필요합니다. MMF의 운용성과와 순 자산 규모는 금융투자협회가 제공하는 펀드 정보 One-Click 시스템을 통해 확인할 수 있습니다.

2023년 7월에는 외화 MMF가 새롭게 선을 보였습니다. 외화 MMF는 투자자가 외화로 투자하면 자산운용사가 해외에 있는 외화 채권 등에 투자하고 얻는 수익을 원화가 아닌 외화로 지급하는 구조입니다. 예전에는 원화 MMF만 있었는데, 2022년 8월 자본시장법 시행령이 개정되면서 달러 · 위안화 · 홍콩달러 등으로 표시된 외화로도 MMF를 운용할 수 있게 되었습니다. 국내 수출기업 등은 상시 여유자금으로 외화를 보유하고 있는데, 주로 수익률이 낮은 외화예금에 자금을 운용하고 있었습니다. 최근 미국의 기준금리가 5.5%를 유지하고, 초단기 금리 역시 4%대를 유지하고 있는 데다 미국의 연방준비제도가 긴축기조를 유지하고 있어 외화 MMF의 기대수익률이 원화보다 높지 않을까 조심스럽게 예상해 봅니다. 현재는 외화 MMF가 법인만을 대상으로 운용되고 있지만, 점차 개인투자자에게도 문호가 넓어질 것으로 보고 있습니다.

CMA(Cash Management Account)는 증권회사가 고객으로부터 돈을 받아 유가증권 등에 운용한 후, 그 수익을 고객에게 분배하는 종합자산관리계좌를 말합니다. 이 상품은 은행의 보통예금처럼 입 · 출금이 자유로우면서 매일 금리가 계산되는 등 금리가 높지만, 예금자 보호가 적용되지 않는 단기투자에 적합한 상품입니다. CMA는 1984년 8월 종합금융회사법에 따라 종금사의 수신 상품으로 도입되었다가 2003년 11월부터 증권회사도 취급하게 되면서 MMF와 마찬가지로 자금을 초단기로 운용하기에 좋은 투자 상품입니다.

증권회사 CMA는 (i) 투자 등을 위해 돈을 맡기는 고객예탁금 계좌와 연계하여 수시 입출금, 급여 이체, 자동이체, 인터넷뱅킹 등을 이용할 수 있으며, MMF나 RP(채권), 발행 어음, 랩 등에 투자[64]하여 은행의 보통예금보다 높은 금리를 받을 수 있는 투자 상품입니다. (ii) CMA는 은행의 보통예금처럼 입출금이 자유로워 자금사용처가 확정된 돈을 단기로 굴리기에 적합한 상품입니다. 다만, 수익률은 시장 상황에 따라 다르며, 시장 변동성에 따라 원금손실이 발생할 수 있습니다. (iii) CMA가 매일 높은 금리를 주는 단기투자 상품이지만 예금자 보호가 적용되지 않는다는 점에 유의하여야 합니다.

---

64) CMA 계좌는 운용형태에 따라 다음 네 가지로 구분합니다. (i) MMF형은 MMF에 투자하며, (ii) RP형은 만기가 짧은 채권에 투자합니다. (iii) 발행 어음형은 대형 증권회사가 자체 신용으로 발행하는 어음에 투자합니다. (iv) 마지막으로 랩(Money Market Wrap)형은 랩 계약에 따라 증권회사의 랩에 가입하여 운용합니다. 따라서 투자자는 자금 성격에 따라 위에서 언급한 네 가지 상품 중 본인에게 맞는 상품에 가입하면 됩니다.

제4장 자산운용사와 펀드

1 펀드의 기원

펀드는 자본시장법이 정의하는 법적인 개념이 아닙니다. 펀드의 자본시장법상 정의는 집합투자[65)]입니다. 즉, 펀드는 1인만을 위한 것이 아닌 다수로부터 돈을 모아 투자하는 것임을 의미합니다. 이러한 펀드가 언제부터 투자의 대명사로 쓰이게 되었는가를 알아보겠습니다.

펀드는 라틴어인 펀두스(Fudus)에서 유래하였습니다. 이 단어는 땅의 가장자리나 바닥을 의미합니다. 땅의 바닥은 무언가를 시작하는 근간이 되는 것이어서, 이 단어가 상업적으로 사용되기 시작하면서 사업을 위해서는 무엇보다 돈이 가장 먼저 필요하므로 누군가가 사업자금을 모집하는 행위를 펀드라 부르기 시작하면서, 오늘날 돈을 한곳으로 모아 투자하는 것을 펀드라고 하게 된 것입니다.

17세기 유럽은 그 어느 지역보다 금융이 발달하였습니다. 활발한 해상무역과 더불어 국경을 맞대며 교역이 증가하자 금융과 경제의 형태를 갖춰가면서 더 많은 투자를 위해서는 한정된 자금에서 벗어나 여러 사람에게 돈을 모아 거대자본으로 투자할 필요가 있었습니다. 18세기 중반 네덜란드 암스테르담에서는 소액투자자로부터 자금을 모은 후 투자를 통해 수익을 되돌려 주는 오

65) 집합투자는 2인 이상의 투자자로부터 모은 금전 등을 투자자로부터 일상적인 운용 지시를 받지 아니하면서 재산적 가치가 있는 투자대상 자산을 취득·처분, 그 밖의 방법으로 운용하고 그 결과를 투자자에게 배분하여 귀속시키는 것을 말합니다(자본시장법 제6조 제5항).

늘날 펀드와 유사한 형태가 탄생하였습니다. 1774년 6월 당시, 단결은 힘을 만들어 낸다는 뜻을 가진 투자공동체를 만들어 외국 정부가 발행한 채권과 식민지 사업에 투자하였습니다.[66] 이렇듯 네덜란드에서 펀드와 유사한 투자공동체가 시작되었지만, 실제적인 펀드의 출현은 1868년 영국에서 설립된 식민지 신탁회사(Colonial Investment Trust)라고 할 수 있습니다.[67] 이후 펀드는 전 세계에 널리 퍼져 주요한 투자수단으로 뿌리를 내렸으며, 미국에 이어 유럽의 룩셈부르크에서 활짝 꽃을 피웠습니다. 룩셈부르크는 유럽 펀드의 관문으로 수많은 역외펀드가 설립되어 전 세계 자금을 끌어모으고 있습니다.[68]

우리나라에서 펀드의 시작은 1969년 증권투자신탁업법을 제정하고 다음 해인 1970년 5월 20일에 한국투자공사[69]를 위탁자로 한국신탁은행을 수탁자로 최초 신탁원본한도 10억 원, 설정액 1억 원의 주식형 펀드인 안정성장 증권투자신탁 1호입니다. 1998년 9월에는 증권투자회사법이 제정되면서 회사형태의 펀드가 출시되었고, 투자신탁회사에 이어 뮤추얼 펀드만을 운용하는 자산운용사가 출범하였습니다.[70] 당시 우리나라 최초의 증권투자회사는 1998년 9월 24일 설립된 4개의 기업구조조정증권투자회사입니다.[71] 1998년 12월에는

---

66) 해당 투자는 투자일로부터 약 25년, 연 4%의 배당지급을 목표로 운용되었으나, 만기 때 원금상환을 하지 못해 투자 기간을 연장하여 운용하였다고 합니다.

67) 회사 이름은 F&C로 변경하여 현재에도 활발한 운용을 하고 있습니다. 다음은 회사 홈페이지에 소개된 내용입니다. Founded in 1868 to bring the benefits of creative and responsible investing to a wider audience, we're the oldest investment trust in the world. Our approach hasn't changed since day one: to provide a reliable foundation that aims to deliver steady, long-term capital growth and a healthy dividend income.(출처 : https://www.fandc.com/about-us/)

68) 룩셈부르크에 등록된 펀드는 시카브(SICAV)펀드라 하는데, 이 펀드는 유럽의 펀드에 공통으로 적용되는 유싯(UCITS)에 의해 설정된 펀드를 말합니다. 시카브펀드는 전 세계 펀드 시장에서 현지 투자자를 대상으로 자유롭게 판매할 수 있습니다.

69) 한국투자공사는 1968년 11월 22일 자본시장육성에 관한 법률을 설립근거로 설립되었으며, 1977년 해산 후 대한투자신탁으로 설립되었습니다.

70) 당시의 자산운용사는 증권투자회사법에 따라 자본금 70억 원으로 설립되어 오로지 뮤추얼 펀드(증권투자회사)만을 운용하기 위해 금융감독위원회에 등록(증권투자회사법 시행령 제14조 제1항)한 회사로 오늘날 자산운용사와 명칭만 같을 뿐 영위 업무가 상이합니다.

71) 기업구조조정기금은 1998년 외환위기 이후 재무구조 악화로 어려움을 겪고 있는 중소 중견기업을 지원하기 위해 설립된 투자기금으로 25개의 금융회사가 출자하여 4개의 기금 총 1.6조 원을 마련하여 서울구조조정기금 6,000억 원, 아리랑구조조정기금 3,334억 원, 한강구조조정기금 3,333억 원, 무궁화구조조정기금 3,333억 원으로 운용되었습니다.

미래에셋자산운용이 설립되어 미래에셋박현주1호펀드가 출시[72]되어 오늘날 미래에셋그룹이 시작되는 초석을 마련하였습니다. 미국에서 현대적인 최초의 뮤추얼 펀드는 1924년 설립되었으며, 현존하는 뮤추얼 펀드 중 가장 오래된 펀드는 1929년에 설립된 뱅가드 웰링턴 펀드(Vanguard Wellington Fund)입니다.

〈펀드의 시작〉

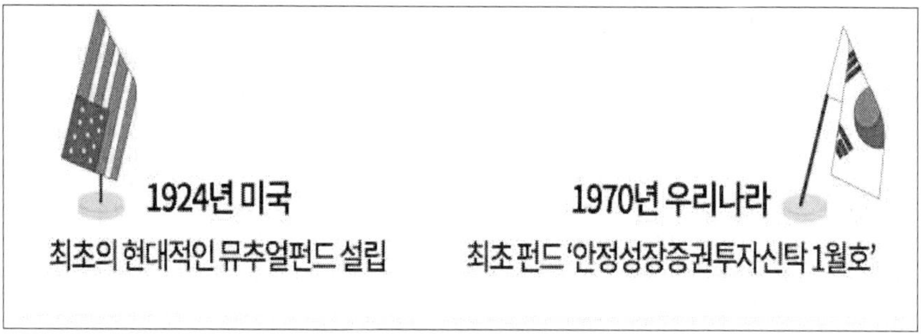

〈출처 : 전국투자자교육협의회〉

우리나라 펀드 시장은 1999년의 현대투자신탁운용의 바이코리아 펀드를 거쳐 2005년부터 2008년 사이에는 적립식 펀드와 해외펀드가 붐을 일으키며 전 국민의 간접투자 열풍을 이끌었습니다. 2007년 하반기에 들어 미국 서브프라임 모기지 사태가 벌어지면서 전 세계에 불어닥친 금융위기로 펀드 수익률의 하락과 대체 자산의 부상, ETF의 급속한 성장 등으로 자연스럽게 공모펀드 시장은 위축되고 있습니다.

2020년 이후에는 코로나 팬데믹에 따른 유동성과 저금리 등으로 주식투자 붐이 일면서 펀드 시장이 예전만큼 큰 인기를 끌고 있지는 않습니다. 하지만, 여전히 펀드만이 갖는 투자 매력이 있기에 예전의 영광을 되찾을 것으로 기대해 봅니다.

72) 동 펀드는 자산총액의 20% 이상 60% 이하를 주식에 투자하고 40% 이상 80% 이하를 채권 및 유동성에 투자하는 혼합형으로 운용하였습니다.

2 자산운용사는 어떤 일을 할까?

2023년 3월 금융투자협회 자료에 의하면, 우리나라 자산운용사는 464개사입니다. 이 가운데 사모펀드만을 운용하는 일반사모자산운용사가 369개사로 약 79.5%의 비중을 차지하고 있습니다. 자산운용사가 금융투자협회 정회원이 되기 위해서는 일정 금액 이상을 회비로 내야 하지만, 자본금 규모가 영세한 일반사모자산운용사가 협회비를 내지 못해 협회에 가입하지 못하는 경우가 종종 있습니다. 이런 사정을 고려하면, 자산운용사의 숫자는 500개사를 상회할 것으로 생각됩니다. 1989년 당시 자산운용사의 전신인 투자신탁회사가 8개였던 점을 생각하면 격세지감을 느끼지 않을 수 없습니다.[73] 펀드의 운용 규모도 계속 성장하여 공모가 327조 원, 사모 581조 원으로 합계 908조 원의 순자산을 기록하고 있습니다.

우리나라에 간접투자상품인 펀드가 도입된 것은 1969년입니다. 이때는 주식과 채권인 유가증권에만 투자할 수 있었으며 펀드를 운용하는 회사는 투자신탁회사, 관련 법은 증권투자신탁업법과 증권투자회사법이었습니다. 2000년대 이후 정책당국은 증권시장의 세계화와 선진화에 많은 관심을 가지고 이에 맞도록 자본시장 제도를 개선하였습니다. 자산운용 산업도 예외 없이 이러한 세계화에 발맞추어 제도가 발전하면서 투자신탁회사는 자산운용사로, 투자대

73) 1980년 후반 당시, 재경 3투신사는 대한투신, 한국투신, 국민투신이, 지방 5투신사에는 제일투신(부산), 동양투신(대구), 한남투신(광주), 중앙투신(대전), 한일투신(인천)이 있었습니다.

상은 증권에서 부동산, 실물자산, 파생상품 등으로 크게 확대되었고, 관련 법령은 1969년의 증권투자신탁업법, 1998년 증권투자회사법에 이어 두 법을 하나로 통합한 간접투자자산운용업법이 2004년부터 시행되다 2009년부터 자본시장 관련 법령을 하나로 통합한 자본시장법이 시행되고 있습니다.

2004년 간접투자자산운용업법이 시행되면서 기존의 주식, 채권에서 부동산과 특별자산에 이르기까지 투자대상이 확대되었습니다. 2000년 당시는 펀드가 증권에만 투자할 수 있었던 시절이라 관련 법령의 명칭은 증권이란 단어를 앞머리에 둔 증권투자신탁업법과 증권투자회사법이었으며, 펀드의 형태도 투자신탁과 투자회사의 두 가지만 존재하였습니다. 2004년부터 시행한 간접투자자산운용업법은 부동산, 특별자산, 실물자산 등에 이르기까지 투자대상이 늘어나면서 투자신탁과 투자회사의 형태에 투자전문회사(PEF)가 투자 도구로 추가되면서 간접투자기구 등으로 바뀌었고, 관련 법령은 두 개의 법률을 하나로 통합한 간접투자자산운용업법이 제정되었습니다. 2009년에는 자본시장통합법이 시행되면서 펀드의 명칭이 간접투자기구에서 집합투자기구로 변경되었고, 자산운용사는 예전 투자신탁회사에서 투자신탁운용사, 자산운용사로 명칭이 바뀌었습니다.

〈자산운용사 변천사〉

상호	최소 자본금	관련 근거
투자신탁회사	5억	증권투자신탁업법 제12조 제1항
투자신탁회사	300억	증권투자신탁업법 제12조 제1항
자산운용사	70억	증권투자회사법시행령 제14조 제1항
투자신탁운용사	100억	증권투자신탁업법시행령 제4조의2
자산운용사	100억	간접투자자산운용업법 제5조
자산운용사(SOC운용)	30억	간접투자자산운용업법 제5조
자산/투신운용사(종합)	80억	자본시장법시행령 제15조 제1항 [별표1]
자산운용사(증권)	40억	자본시장법시행령 제15조 제1항 [별표1]
자산운용사(전문)	20억	자본시장법시행령 제15조 제1항 [별표1]
자산운용사 (한국형헤지펀드)	60억	자본시장법시행령 제15조 제1항 [별표1]
전문사모자산운용사	20억	자본시장법시행령 제271조의2 제3항 [별표3]
일반사모자산운용사	10억	자본시장법시행령 제271조의2 제3항 [별표3]

자산운용사는 상법상 주식회사이면서 자본시장법상 집합투자업을 영위하는 금융회사입니다. 자산운용사는 집합투자업과 투자자문업, 투자일임업과 부수 업무[74], 겸영 업무[75]를 영위하며, 회사의 중요 의사결정을 위한 주주총회와 이사회, 금융회사의 지배구조에 관한 법률[76]에 따라 이사회 내 소위원회를

74) 부수 업무는 자산운용사의 본질적 업무인 펀드 설정과 운용업무 이외의 업무를 말하는데, 자산운용사가 부수 업무를 하기 위해서는 금융위원회의 인가나 등록이 필요하지 않고, 해당 업무를 영위하기 시작한 날부터 2주 이내에 금융위원회에 보고하면 됩니다(자본시장법 제41조 제1항).

75) 겸영 업무는 투자자 보호 및 건전한 거래질서를 해할 우려가 없는 금융업무로서 금융법령이 규정한 업무를 영위하기 시작한 날부터 2주 이내에 금융위원회에 보고함으로써 영위할 수 있는 업무입니다(자본시장법 제40조). 자산운용사의 대표적인 겸영 업무로서 신기술금융조합의 공동 GP, 대출의 중개·주선·알선 등이 있습니다.

76) 동법은 2015년 7월 31일에 제정되어 2016년 8월 1일부터 시행하였습니다. 동법의 제정목적은 (i) 글로벌 금융위기 이후 전 세계적으로 금융회사의 바람직한 지배구조에 관한 중요성이 강조되고 있고, 금융회사의 이사회와 감사위원회의 역할 강화 등 금융회사의 지배구조에 관한 규율을 강화할 필요성이 제기됨에 따라, 이사회의 사외이사 비율, 임원의 자격요건 등 개별 금융업권별로 차이가 나는 지배구조에 관한 사항을 통일적이고 체계적으로 규정하여 금융업 간의 형평성을 제고 하며, (ii) 이사회와 감사위원회의 기능을 강화하고 위험관리위원회와 위험관리책임자를 두도록 함으로써 금융회사의 책임성을 높이는 한편, 금융회

두고 있습니다. 이사회 내 소위원회의 설치는 자산운용사의 펀드 운용 규모에 따라 다른데, 설치기준은 운용자산 20조 원 이상입니다.[77] 여기서는 대부분의 자산운용사가 20조 원 미만인 점을 고려하여 이들 회사가 갖추어야 하는 위원회의 종류와 조직, 그리고 역할 등을 알아보겠습니다.

자산운용사는 투자자산을 운용하는 필수조직인 운용부서, 이를 지원하는 관리부서, 그리고 독립적인 업무수행부서인 준법조직을 두고 있습니다. 이러한 부서별 업무분담은 회사의 직제규정과 위임전결 규정 등에서 명확하게 구분하며, 이러한 분담은 역할과 책임이라는 영어 단어 Role & Responsibility의 앞 철자를 합성하여 R&R이라 표현합니다.

운용부서는 주식, 채권, 대체 자산을 운용합니다. 운용담당자는 금융투자협회가 실시하는 투자자산운용사 자격을 취득하거나 금융회사 3년 이상의 근무 경험과 금융투자협회 소정의 교육을 이수하여 일정 자격요건을 갖춘 후 금융투자협회에 펀드매니저로 등록하여야 합니다. 종합자산운용사의 펀드매니저는 최소 5인이지만, 자본금 10억 원의 일반사모자산운용사는 최소 3인이 있어야 합니다.

운용부서는 투자자산에 따라 주식운용, 채권운용, 대체운용으로 나뉩니다. 주식과 채권부서는 시장성 자산인 주식과 채권, 이와 관련된 파생상품 등에 투자하며, 대체 운용부서는 주로 비 시장성 자산인 부동산, 특별자산, 인프라, 메자닌 등에 투자합니다. 최근에는 비상장기업에 주로 투자하는 벤처투자조합이나 경영권 획득 후 기업가치를 올린 후 되파는 PE 운용부서도 점차 늘어나는 추세입니다. 이들 자산은 전통자산과 다르게 투자 초기에 엄격한 심사 과정을 거쳐 투자가 이루어지며, 투자 이후에도 대상 회사를 주기적으로 점검하는 사후관리에 이르기까지 철저한 위험관리가 필요합니다.

사의 대주주에 대한 자격요건을 주기적으로 심사하도록 함으로써 건전한 경영을 유도하여 금융시장의 안정성을 유지하기 위한 제도적 기반을 마련하고자 제정되었습니다.

77) 운용자산 20조 원은 펀드와 투자일임자산을 합산하여 산출합니다.

관리부서는 회사의 인사, 재무, 총무, 고유재산투자 등을 담당하는 경영관리부서와 펀드 설정과 해지, 펀드 운용에 따른 투자자산의 매매와 자금 수도 등을 지시하고 펀드 기준가격 계산을 위한 신탁회계업무를 담당하는 운용지원부서가 있습니다. 운용지원부서는 펀드 운용을 위한 위탁계좌개설과 폐쇄를 관리하며, 투자자산평가를 위한 집합투자재산평가위원회 업무를 주관합니다. 경영관리부서는 회사의 연간 사업계획과 예산을 수립하며, 이사회와 주주총회 개최 등의 업무를 담당합니다. 예전에는 고유재산인 회사 자본금으로 유가증권 등에 투자하기 위해서는 이해 상충 방지대책 마련 등이 필요하여 대다수 자산운용사는 고유재산을 적극적으로 투자하지 않고 정기예금이나 CMA 계좌 예치로 현금을 운용하였습니다. 최근 자산운용사는 공모주 열풍에 힘입어 공모주 투자와 부동산 개발사업 지분 투자에 이르기까지 다양한 자산에 투자하는 추세입니다. 이러한 고유재산투자는 집합투자재산과 정보교류가 철저하게 차단되어야 하므로 고유재산투자 담당자는 주식, 채권부서 매니저가 종목 구성과 운용성과 등을 보고하는 리스크관리위원회에는 참석하지 않도록 유의하여야 합니다.

자산운용사에는 운용부서와 관리부서의 중간영역에 있는 부서가 있습니다. 자산운용사의 펀드를 설계하고 약관, 투자설명서, 투자제안서, 자산운용 보고서, 핵심상품설명서 등을 작성하며[78], 판매회사와 긴밀한 협력 관계를 유지하며 펀드판매를 지원하는 마케팅 · 상품부서가 그 주인공입니다. 마케팅 · 상품부서는 새로운 펀드를 기획하거나 만드는 때, 수탁회사와 신탁약관을 체결하며, 펀드 운용 시에는 판매회사가 요청하는 자료를 운용부서, 컴플라이언스 담당자 등과 협의하여 작성한 후 판매회사에 배포하는 역할과 투자설명서, 핵심상품설명서, 투자제안서 등에 표기되는 펀드의 위험등급 산정 업무도 주관하고 있습니다. 이밖에도 연기금, 기관투자자의 자금을 일임받아 운용하는 때에는 투자일임 계약을 체결하며, 투자일임 계약에 따른 운용성과보고서, 운용

78) 자산운용사는 3개월마다 1회 이상 공모펀드 투자자 및 일반투자자를 대상으로 하는 일반사모펀드 투자자에게 자산운용 보고서를 제공하여야 하며, 핵심상품설명서 역시 사모펀드 투자자 보호가 강화되면서 일반투자자를 대상으로 하는 일반사모펀드 투자자에게 제공하여야 합니다.

제한사항을 점검하고 그 결과인 컴플라이언스 리포트를 투자자에게 보고하고 있습니다.

마지막으로 컴플라이언스업무에 대해 알아보겠습니다. 준법감시인 제도가 2000년 1월에 도입되었으니 이제 24년이 지났습니다. 2015년 7월 31일 금융회사지배구조법이 제정되고 2016년 8월에 시행되면서 위험관리책임자가 새롭게 도입되었습니다. 이때까지는 준법감시인이 위험관리업무를 함께 하였지만, 이 법 시행을 계기로 자산규모 20조 원 이상인 자산운용사는 준법감시인과 위험관리책임자를 분리하여 현재에 이르고 있습니다. 보통 자산규모가 20조 원 미만인 자산운용사의 준법감시인은 위험관리책임자를 겸직하며, 컴플라이언스, 위험관리, 내부감사, 신용정보책임자, 자금세탁방지 보고책임자 등의 업무를 담당하고 있습니다.

컴플라이언스는 크게 세 가지 업무로 구분할 수 있습니다.

(i) 어드바이스(ADVICE), 조언 업무입니다. 이 업무는 펀드를 운용하는 과정에서 발생하는 자본시장법령의 해석이나 회사업무 도중 발생하는 특정 현안에 대한 검토 후 해당 부서에 검토의견을 제공하는 업무입니다.

(ii) 회사 임직원의 교육(TRAINING)에 관한 업무입니다. 이 업무는 임직원 대상으로 컴플라이언스 교육을 정기·수시로 실행하는 것입니다. 임직원 교육은 회사의 내부통제기준, 임직원 유가증권매매, 임직원 편익제공, 자금세탁방지 교육 등이 있으며, 이외에도 금융감독원의 검사 지적 사항 및 검사 방향, 금융감독원이 수시로 발표하는 자료, 자본시장법령 개정사항, 금융투자협회가 배포하는 자료 등을 전 직원에게 이메일을 통해 안내와 전달을 하고 있습니다.

(iii) 점검업무(Monitoring)입니다. 이는 펀드가 준수해야 할 각종 투자 한도 비율을 매일 점검하는 업무와 회사 임직원이 관련 법령과 회사 사규가 정한

절차에 따라 올바르게 업무수행을 하고 있는가를 점검하는 업무로 나눌 수 있습니다. 투자 한도 비율의 점검은 일반사무관리회사가 제공하는 전산시스템을 통하여 전일 기준으로 매일 점검하며, 수탁회사 역시 투자 한도 비율 점검을 포함한 자산운용사의 운용지시가 적정한가를 살피는 운용행위 감시업무를 수행합니다. 또 다른 대표적 점검업무로는 임직원의 유가증권매매, 편익제공 및 수령, 대외활동 등이 있습니다.

이렇게 컴플라이언스업무는 어드바이스, 트레이닝, 모니터링 등 세 분야와 이에 부수한 업무로 구성되어 있으며, 각 영어 단어 앞 철자를 조합하여 ATM이라 부르면, 쉽게 기억할 수 있을 것입니다.

이번에는 자산운용사가 갖추어야 할 위원회에 대해 알아보겠습니다. 먼저 자본시장법에 따라 반드시 설치해야 할 위원회인 집합투자재산평가위원회부터 알아보겠습니다. 집합투자재산평가위원회는 자산운용사의 운용자산 규모와 관계없이 반드시 갖추어야 할 필수 법정 위원회입니다. 위원으로는 운용 담당 임원, 평가 담당 임원과 준법감시인이 필수 인력으로 참여하여야 하며, 대표이사는 선택적으로 참여할 수가 있습니다. 평가위원회는 펀드의 투자자산을 평가하는 역할을 담당하며, 투자자산 가치에 중대한 변경 등을 초래하는 이자연체, 부도 등의 사건이 발생하면 그 즉시 평가위원회를 개최하여 자산의 공정 가치가 반영되도록 하고 있습니다. 일반적으로 운용지원팀이 해당 업무를 담당하며, 평가위원회의 개최결과를 수탁은행과 일반사무관리회사에 통보하며, 상 · 하반기 1년에 두 번 이사회에 개최결과를 보고하여야 합니다.

위험관리위원회 역시 반드시 설치해야 하는 조직입니다.[79] 위험관리위원회는 회사의 위험을 관리하는 최고 의사결정기구로서 대표이사, 위험관리책임자, 본부장 등이 참여합니다. 자산운용사가 갖는 위험은 집합투자재산위험과 고유재

79) 자산운용사는 자산운용 규모가 20조 원 이상인 경우, 지배구조법에 따라 이사회 내 소위원회인 위험관리위원회를 설치하여야 합니다. 이 경우의 위험관리위원회와 20조 원 미만인 자산운용사가 설치하는 위험관리위원회와는 구분할 필요가 있습니다. 그렇지만 역할과 기능 등에 있어서는 차이가 없습니다.

산위험으로 구분할 수 있는데, 집합투자재산 위험관리는 펀드성과평가, 투자자산 사후관리, 부실자산 관리, 운영위험 등을 다루며, 필요한 때 위원회를 소집하여 회사의 주요 위험정책을 결정할 수 있습니다. 고유재산위험관리는 회사의 자본인 고유재산으로 투자하는 경우, 이를 심의하여 투자 여부를 결정하거나 투자 이후 해당 자산의 사후관리 등을 담당합니다. 위원회의 위원에는 대표이사, 고유재산투자 담당자, 준법감시인 등이 있습니다. 요즘 자산운용사는 공모주 투자, 비상장주식, 부동산개발사업 지분 등에 적극적인 투자를 하고 있어 그 어느 때보다 고유재산위험관리가 중요하다 하겠습니다.

자산운용사가 위험관리규정을 제정하거나 개정하는 때에는 이사회결의를 거쳐 확정하며, 그 내용은 금융감독원에 보고하여야 합니다. 따라서 위험관리규정의 제·개정 시에는 조항과 문구 등을 세심하게 살펴서 빈번한 개정이 이루어지지 않도록 유의할 필요가 있습니다.

최근 몇 년 사이 많은 일반사모자산운용사가 새롭게 자산운용 시장에 진출하였습니다.[80] 이들은 주식, 채권에 투자하는 전통자산 펀드는 물론이고 부동산, 메자닌, 특별자산 등에 투자하는 대체투자 펀드를 주로 운용하고 있습니다. 이러한 대체투자는 전통자산과 다르게 시장에서 가격형성이 되어 있지 않고 일대일 거래, 정보 비대칭성이 높은 특징을 가지고 있습니다. 자산운용사가 이들 자산에 투자하기 위해서는 사전에 회사 내부절차에 따라 투자대상자산을 검증할 필요가 있는데, 이때 이런 역할을 하는 것이 투자심의위원회입니다. 이 위원회는 앞서 본 위원회와 다르게 반드시 설치해야 하는 것은 아니지만, 대체 자산을 주로 투자하는 자산운용사로서는 반드시 설치하여 투자초기 단계에서부터 철저한 위험관리가 이루어져야 할 것입니다. 본 심의회의 위원으로는 대표이사, 운용본부장, 준법감시인과 위험관리책임자 등이 참여하고 있습니다.

---

80) 자본시장법은 2015년 사모펀드 제도개편을 통해 최소 자본금 20억 원, 운용전문인력 3인으로 사모펀드만을 운용하는 전문사모자산운용회사 라이선스를 신설하였고, 이후 최소 자본금을 10억 원으로 낮춰 현재에 이르고 있습니다.

최근에는 공모펀드의 부진이 계속되면서 ETF가 빠르게 공모펀드 시장을 대체하고 있습니다. 일반사모자산운용사는 물론 종합자산운용사로서도 생존을 걱정하지 않을 수 없게 되었습니다. 자산운용사가 급증하면서 치열한 경쟁 속에 점차 낮아지는 운용보수와 빈번한 인력교체, 사모펀드의 일반투자자 보호가 공모펀드 수준으로 강화되면서 신규펀드의 설정이 점차 어려워지고 있습니다. 이런 와중에 자산운용사의 겸영 업무가 빠르게 자리 잡고 있습니다. 겸영 업무는 자산운용사가 금융위원회 보고를 통해 본업인 펀드 운용이라는 고유 업무 이외에 영위할 수 있는 업무로 수익원을 다각화하는 자산운용사의 노력 가운데 하나입니다. 자산운용사가 보고한 겸영 업무에는 대출의 중개, 주선 또는 대리, 신기술사업투자조합의 공동업무집행사원과 벤처투자조합의 공동업무집행사원 등이 있습니다. 앞으로도 자산운용사의 겸영 업무는 계속해서 늘어날 것으로 보입니다.

마지막으로 자산운용사를 자본금, 운용자산 규모, 운용 가능한 펀드의 종류 등으로 구분하여 살펴보겠습니다. 이러한 분류는 자산운용사를 공·사모 펀드를 모두 운용하는 종합자산운용사, 부동산이나 증권 등에 특화된 자산에 운용하는 전문자산운용사, 그리고 사모펀드만을 운용하는 일반사모자산운용사 등으로 구분할 수 있습니다.

종합자산운용사는 모든 종류의 펀드를 운용할 수 있는 회사입니다. 종합자산운용사는 공모·사모펀드를 통해 모든 자산에 투자하는 펀드를 운용할 수 있는 자산운용사로서 금융위원회로부터 인가를 받아야 합니다. 대표적인 종합자산운용사로는 한국투자신탁운용, 미래에셋자산운용, 삼성자산운용 등이 있습니다.

전문자산운용사는 특정 자산에만 투자할 수 있습니다. 전문자산운용사는 종합자산운용사와 다르게 특정 자산에만 투자할 수 있도록 특화된 자산운용사를 말합니다. 그래서 종합자산운용사와는 다르게 하나의 자산에만 투자할 수 있다고 하여 단종 자산운용사라고도 불립니다. 전문자산운용사는 사회기반시설

(인프라)에 투자하거나, 증권인 주식이나 채권에만 투자할 수 있는 증권 전문자산운용사, 부동산만을 전문으로 운용하는 부동산 전문자산운용사, 그리고 실물 및 특별자산 등에 특화된 특별자산 전문자산운용사 등이 있습니다. 대표적으로 KDB인프라자산운용, CBRE부동산자산운용 등이 있습니다.

일반사모자산운용사는 2015년 10월 25일 자본시장법 시행령이 개정되면서 만들어진 회사로 사모펀드만을 운용하는 회사입니다. 이 회사는 적격투자자와 전문투자자만을 대상으로 펀드를 운용하며, 자본금 10억 원, 운용전문인력 3인으로 설립이 가능합니다. 최근에는 일반사모자산운용사가 기관전용사모펀드인 PEF를 운용할 수 있는 업무집행사원 라이선스를 취득하는 경우를 많이 볼 수 있습니다. 업무집행사원은 무한책임사원인 GP를 말하는데, 최소 설립자금 1억 원, 운용전문인력 2인 이상이 있으면 등록신청이 가능합니다. PEF는 주로 회사의 지분에 투자한 후 적극적으로 경영권을 행사하여 회사의 실적 등을 개선하여 수익을 낸 다음 되파는 바이아웃(Buy-out) 전략을 취합니다. 일부 전문투자자와 기관투자자만이 투자자로 참여할 수 있어 기관전용사모펀드라고 부릅니다.

이밖에 고유한 금융업을 영위하면서 자산운용업을 겸하는 금융회사가 있는데, 이를 겸영자산운용사라 합니다. 이 회사는 은행이나 보험회사처럼 본인의 고유한 금융업무를 수행하면서 업무상 필요에 따라 자산운용업을 허가받아 해당 업무를 영위하는 회사를 말합니다. 대표적으로 보험회사의 변액보험과 퇴직연금보험이 있습니다.

3 공모와 사모

투자에 있어 자기 책임의 원칙이란 본인이 판단하여 실행한 투자에서 수익과 손실이라는 결과는 반드시 본인이 감당하는 것을 말합니다. 펀드는 은행 예금과 다르게 원금이 보장되지 않습니다. 따라서 본인의 투자로 얻을 이익과 손실 모두를 책임져야 하는 만큼 남의 말만 듣고서 요행을 바라는 투자를 해서는 큰 낭패를 보기 쉽습니다. 펀드의 가장 큰 위험은 원금을 잃을 가능성입니다. 그래서 투자자는 투자를 결정하기 전에 펀드의 중요내용을 설명해주는 투자설명서와 상품제안서를 꼼꼼하게 읽고, 본인이 생각하는 기대수익률에 맞는 위험 수준에서 본인의 여유자금 여부, 자금사용 기간, 투자위험과 수익률 간의 상관관계를 따져보고 투자를 결정해야 할 것입니다. 펀드는 투자자 수에 따라 공모와 사모펀드 두 종류로 구분할 수 있으며, 두 펀드는 투자대상 자산, 운용전략, 투자금액, 투자자자격, 투자자 보호 등에서 차이가 있습니다.

〈사모펀드와 공모펀드〉

구분	사모펀드	공모펀드
투자자 수	100인 (일반투자자 49인)	50인 이상
가입금액	최소 3억	제한 없음
투자자 제한	적격투자자, 전문투자자	없음
투자한도	없음	10%룰 등 다양
투자대상	주로 비 시장성 자산	주로 시장성 자산

공모펀드는 투자금액, 투자자, 투자금액의 제한이 없어 누구라도 투자를 할 수 있습니다. 주된 투자자는 회사원, 자영업자, 학생처럼 개인투자자인 일반투자자로서 자산운용사는 이들을 법인고객과 다르게 리테일 고객으로 분류합니다. 자본시장에서는 개인투자자를 일반투자자, 리테일 고객 또는 불특정 다수라 부르며, 이들은 투자금액과 투자자자격에 제한이 없는 공모펀드에 주로 투자합니다.

공모펀드는 누구라도 투자할 수 있지만, 그렇다고 아무나 운용할 수는 없습니다. 공모펀드를 운용하는 자산운용사는 금융위원회로부터 인가를 받아야 합니다. 최근 공모펀드는 계속되는 수익률 부진과 코로나로 막대한 자금이 시중에 공급되며 주식을 비롯한 여러 자산의 가치가 상승하자 주식에 직접 투자하거나 ETF에 투자하는 흐름이 계속 이어지면서 많이 위축되었습니다. 그렇지만 펀드는 직접 주식에 투자하는 것보다 투자전문가가 효과적으로 위험을 분산하여 좋은 기업에 투자하는 등 장기투자에 여전히 유효한 투자수단이라 할 수 있습니다.

공모펀드는 현금화가 쉬운 시장성 자산인 상장주식과 채권에 주로 투자합니다. 시장성 자산은 거래소에서 시장가격으로 실시간 거래되어 환금성이 뛰어납니다. 투자자가 자금이 필요한 때, 펀드에서 아무런 제한 없이 돈을 찾을 수 있어야 하므로 주식이나 채권처럼 시장에서 거래가 이루어지는 시장성 자산에 투자합니다. 반면, 사모펀드는 시장성 자산보다는 부동산이나 특별자산, 비상장주식과 같은 비 시장성 자산에 주로 투자하기 때문에 펀드 만기에 해당 자산을 매각하지 못하여 펀드 만기 시 투자금을 상환하지 못할 위험이 큰 편입니다.

자본시장법은 공모펀드 투자자 보호를 위해 자산운용사가 준수해야 하는 투자제한사항과 해서는 안 될 행위규제를 규정하고 엄격한 감독과 관리를 하고 있습니다. 예를 들어, 주식형 공모펀드는 동일 종목에 투자할 수 있는 최대한도가 펀드 자산의 10%까지로 제한하는 10%룰을 준수하여야 합니다. 자기가 발행한 유가증권은 이해 상충으로 펀드에서 투자할 수 없으며, 계열회사나 이해관계인과의 거래도 예외적인 경우를 제외하고는 가능하지 않습니다. 자본시장법이 이러한 규정을 통해 자산운용에 제약을 두는 이유는 공모펀드의 주된 투자자인 개인투자자를 보호하기 위해서입니다. 즉, 소수 종목에 집중투자하지 않고 여러 종목에 분산 투자를 함으로써 투자위험을 분산하며, 이해관계인과 거래제한을 두는 이유는 자산운용사에 영향력을 행사하는 대주주나 회사 본인의 이익이 아닌 투자자 이익에 전념하여 운용할 수 있도록 하기 위해서입니다. 수탁회사는 자본시장법이 규정한 자산운용사의 운용제한사항을 매일 점검하여 위반사항 발생 시에는 자산운용사에 시정을 요구하며, 자산운용사가 이에 응하지 않는 경우 해당 사실을 금융감독원에 보고하고 있습니다.

사모펀드는 투자금액과 투자자자격에 제한을 두고 기관투자자나 투자 경험이 많은 고액자산가가 투자하는 펀드로 적격투자자의 경우 최소투자금액이 3억원입니다. 사모펀드는 공모펀드와 비교하여 투자자의 기대수익률이 높은 편으로 이는 사모펀드가 더 많은 위험자산에 투자하는 것을 의미합니다. 사모펀드는 여러 종목에 분산 투자하지 않고 한 종목에 100%까지 투자할 수 있으며, 다양한 위험관리기법을 통해 절대 수익을 추구하는 운용전략을 가지고 있습니다. 이밖에도 자본시장법상 공모펀드에 적용되는 투자자 보호 조항 중 일부 조항은 일반투자자를 대상으로 하는 일반사모펀드에는 적용되지만, 전문투자자만으로 구성된 일반사모펀드나 기관전용사모펀드에는 적용되지 않습니다.

2016년부터 한국형 헤지펀드로 성장을 계속하던 사모펀드는 장기간 계속되는 저금리 기조에서 중위험·중수익과 고수익을 내세우며 투자 대안으로 빠르게 자리매김하였습니다. 사모펀드는 2019년과 2020년에 큰 부침을 경험하였습니다. 2019년에는 라임자산운용의 사모펀드 사태가, 2020년에는 옵티머스자산운용이 운용하는 사모펀드에서 사기 사건이 발생하였습니다. 옵티머스자산운용은 안정적인 공공기관 매출채권에 투자한다며 투자자와 판매회사 등을 속이고 NH투자증권 등 판매회사를 통해 약 2조 원의 자금을 모아 약속과 다르게 부실채권에 투자하여 환매를 제때 해주지 못하고 투자자에게 약 5,000억 원의 손해를 끼쳤습니다. 이밖에도 디스커버리자산운용사 등이 운용하는 사모펀드에서도 투자자산에 대한 위험관리가 제대로 이루어지지 않은 채 투자자산이 부실화되면서 제때 투자금을 돌려주지 못하고 막대한 손해를 투자자에게 입혀 사회적으로 큰 반향을 일으키기도 하였습니다. 이는 누구 한 사람만의 잘못이 아닌 갈수록 치열해지는 경쟁 속에서 살아남기 위한 자산운용사의 무리한 투자전략과 금융인으로서 가져야 할 윤리의식의 부재, 이러한 투자 위험성을 투자자에게 제대로 알리지 않았던 판매회사가 함께 어우러져 발생한 것으로, 이런 현상은 하나의 원인이 아닌 복합적이고 구조적인 문제라 하겠습니다.

자산운용사가 앞으로도 투자자로부터 꾸준한 사랑을 받고 떨어진 투자자 신뢰를 회복하기 위해서는 강도 높은 자정 노력과 직업인으로서의 윤리의식 함양이 무엇보다도 필요하다고 하겠습니다.

4 A부터 Z까지 펀드에 관한 모든 것

펀드는 자산운용사가 투자자 돈을 한군데로 모은 후 투자자 대신 운용하는 대가로 운용보수를 받고 주식이나 채권, 부동산 등에 투자하여, 그 결과에 따라 손익을 되돌려 주는 투자 도구입니다. 우리나라에서 최초로 만들어진 펀드는 1970년 5월 20일, 한국투자공사(현재는 하나금융투자)가 증권투자신탁업법에 따라 1억 원 규모로 설정한 주식형 펀드입니다. 이때 수탁회사는 한국신탁은행(현재 하나은행)이었습니다.

펀드는 여러 당사자가 복잡하지만, 유기적인 관계를 맺으며 각자 역할분담을 통해 투자자의 귀중한 돈을 안전하게 운용하며 관리합니다. 자산운용사, 수탁회사, 판매회사 등은 펀드 당사자로서 각자 중요한 역할을 담당하고 있으며, 이외에도 일반사무관리회사, 채권평가회사, 한국예탁결제원, 전담중개업자 등이 맡은 바 업무를 하고 있습니다.

자산운용사는 투자자가 맡긴 돈을 주식, 채권, 부동산 등에 투자합니다. 투자전문가답게 투자자의 돈을 불려주기 위해 여러 가지 투자기법을 이용하여 선량한 관리자의 주의의무를 다해 자기 책임과 판단에 따라 투자자산을 가장 좋은 가격에 사고팔면서 펀드 운용과 관리업무를 수행합니다.

수탁회사는 자산운용사가 투자한 주식, 채권 등 투자자산을 안전하게 보관하는 역할을 담당합니다. 수탁회사는 신탁업을 영위하는 시중은행 또는 증권회사가 담당합니다. 수탁회사는 자산운용사가 취득한 투자자산과 고유재산인 자신의 자산과 분리하여 별도의 안전계좌에 보관합니다.[81] 자산운용사가 최악의 경우 부도 등의 이유로 파산하는 일이 있더라도 투자자산은 수탁회사가 별도계좌에서 보관하고 있어 안전합니다. 또한, 수탁회사는 자산운용사의 운용지시에 따라 투자자산의 매매와 자금 결제 등을 담당합니다. 펀드의 형태 가운데 하나인 투자신탁은 회사형태가 아니므로 법인격이 없어 권리와 의무의 주체가 될 수 없습니다. 따라서 투자자산은 수탁회사 명의로 되어 있습니다.

판매회사는 투자자가 펀드를 사고파는 회사로 증권회사 또는 은행이 있습니다. 판매회사는 펀드의 중요내용인 투자자산, 투자위험, 투자구조 등을 미리 투자자에게 충분히 설명하여야 하며, 투자자의 투자 경험, 여유자금 여부 및 투자 기간 등을 고려하여 투자자에게 적합한 펀드를 권유하여야 할 의무 등을 가지고 있습니다. 판매회사가 이러한 설명의무를 충실하게 이행하지 못하거나 적합한 펀드를 권유하지 못한 경우에는 불완전판매에 해당할 수 있으며, 이 경우 투자자에게 손해배상을 할 수도 있습니다.

일반사무관리회사는 자산운용사가 매입한 주식, 채권, 부동산 등의 가치를 반영한 후 펀드를 사고파는 때 적용되는 기준가격[82] 산출업무를 담당합니다. 특히 투자자산 중 시가가 형성되지 않은 비상장주식, 부동산, 특별자산 등은 자산운용사의 집합투자재산평가위원회가 채권평가회사, 회계법인, 감정평가법인 등이 수행한 평가가격을 고려하여 평가한 값을 받아 기준가격을 산출하고 있습니다.

한국예탁결제원은 펀드와 관련된 대부분 업무를 전산시스템으로 지원해주는 든든한 후원자입니다. 한국예탁결제원은 펀드가 처음 만들어지는 때부터 운용이

81) 이를 분별 관리의 법칙이라고 하는데, 신탁법에서 비롯되었습니다.
82) 기준가격이란 투자자가 펀드를 사고팔 때 기준이 되는 가격을 말합니다.

종료되는 그날까지 전 과정에서 발생하는 모든 업무를 지원합니다. 이를 위해 2004년 도입한 펀드넷(FundNet) 시스템은 자산운용에서 발생하는 업무를 표준화, 자동화, 전산화하여 자산운용사, 판매회사, 수탁회사, 일반사무관리회사에 다양한 서비스를 제공하는 플랫폼입니다. 자산운용사는 물론 펀드 관계자 모두 이 시스템을 통해 자금의 입 · 출금(설정·환매), 자산의 취득과 매각, 보관 등을 하고 있습니다.

펀드는 다양한 분류기준에 의해 다양한 이름으로 불립니다. 일반적인 분류 방식은 투자자 수에 따른 공 · 사모, 투자대상 및 투자지역 등으로 나누어 구분해 볼 수 있습니다.

〈펀드 분류〉

구분	펀드 종류			
투자자 수	공모형	사모형		
투자대상	주식형	채권형	혼합형	대체투자형
투자지역	국내형	해외형		

예전에는 투자전문가조차 공간과 시간적 제약으로 해외자산에 투자하기란 무척 어려웠습니다. 하지만, 요즘에는 인터넷 등장으로 시 · 공간이 허물어지면서 미국과 유럽은 물론이고 브라질, 인도에 이르기까지 전 세계에 투자할 수 있게 되었습니다.

〈투자자산 등에 따른 구분〉

구 분	투자자산(지역)			주된 형태
전통자산	주식	채권	혼합(주식+채권)	개방형·추가형
대체투자	부동산	특별자산	실물자산	단위형·폐쇄형
파생펀드	선물	옵션	스왑	개방형·추가형
해외펀드	미국	중국	유럽	개방형·추가형
국내펀드	국내			개방형·추가형

또한, 투자자가 원하는 때에 돈을 맡기거나 찾을 수 있느냐에 따라 개방형 · 폐쇄형 · 추가형 · 단위형으로 구분하는데, 다음과 같은 특징이 있습니다.[83)]

〈입 · 출금에 따른 구분〉

구분	주요 특징
개방형	언제나 수시로 돈을 맡기거나 찾을 수 있습니다.
폐쇄형	펀드에서 미리 정해진 날짜에만 돈을 찾을 수 있습니다.
추가형	맡기고 싶은 돈이 있으면 언제나 수시로 맡길 수 있습니다.
단위형	펀드가 만들어진 첫날에만 돈을 맡길 수 있습니다.

펀드가 보유하는 자산은 계산방식에 따라 총자산과 순 자산으로 구분합니다. 총자산은 펀드가 보유하는 자산에 부채인 각종 보수와 매매 비용 등이 포함됩니다. 반면, 순 자산은 이러한 총자산에서 보수와 비용인 부채를 제외한 자산을 일컫는데, 투자자는 순 자산으로 계산된 기준가격에 따라 투자금을 되돌려 받습니다. 그러므로 투자자에게 좋은 펀드는 이러한 보수와 비용이 저렴할수록 좋다고 할 수 있습니다.

---

83) 이밖에도 투자자가 목돈을 일시 맡기느냐, 아니면 매월 소액을 적금처럼 조금씩 투자하느냐에 따라 거치식과 적립식으로 구분하기도 합니다.

펀드 관계자는 투자자의 돈을 굴려주는 자산운용사, 펀드를 판매하는 판매회사, 투자자산을 안전하게 보관·관리하는 수탁회사, 펀드를 사고팔 때 적용되는 기준가격을 계산하는 일반사무관리회사 등이 있습니다. 펀드는 이들로부터 받는 서비스 대가로 운용보수, 판매보수, 수탁보수 등을 지급합니다.

〈보수 종류〉

구분	보수	주된 제공 서비스
자산운용사	운용보수	투자자산의 취득, 매각 및 운용
판매회사	판매보수	고객(투자자) 응대 및 펀드 상품 설명
수탁회사	수탁보수	투자자산을 안전하게 보관하고 관리
사무관리회사	사무보수	투자자산을 평가하여 기준가격 계산

이번에는 펀드가 부담하는 비용에는 어떤 것이 있는가를 알아보겠습니다. 비용은 자산운용사가 펀드를 운용하면서 펀드를 위해 지출하는 필수경비입니다. 이러한 비용에는 주식을 매도할 때 내는 증권거래세, 주식이나 채권매매를 중개하는 증권회사에 내는 매매 비용, 채권이나 비상장주식의 가치를 평가하는 채권평가회사에 내는 평가비용 등이 있습니다.

〈보수 · 비용 및 수수료〉

구분	구성항목
총보수	운용보수 + 판매보수 + 수탁보수 + 사무보수
총비용	주식·채권 매매 비용 + 평가비용 + 증권거래세 + 기타비용
수수료	판매수수료(선취수수료 + 후취수수료)

이밖에도 투자자가 펀드에 처음 가입할 때 판매회사에 내는 판매수수료가 있는데, 먼저 내면 선취수수료, 나중에 내면 후취수수료로 구분합니다. 판매수수료가 있는 펀드는 원금 100%가 투자되지 않고 판매수수료에 해당하는

금액만큼 차감되어 나머지 금액이 투자된다는 점 유의할 필요가 있습니다. 판매수수료와 다르게 보수와 비용은 펀드가 운용되는 동안 계속·반복적으로 지출이 일어나지만, 판매수수료는 한 번만 일시납을 한다는 점에서 차이가 있습니다. 이러한 보수와 비용은 투자자가 부담하므로 낮으면 낮을수록 투자자에게 유리합니다.

5 펀드는 어떻게 만들까

펀드는 투자자로부터 자금을 모아 특정 자산에 투자하여 그 수익을 되돌려 주는 상품입니다. 자산운용사는 펀드를 만드는 제조업자이며 증권회사와 은행은 다양한 펀드를 판매하는 유통업자입니다. 펀드는 현대자동차나 스마트폰처럼 실체가 있어 만지거나 눈으로 볼 수 있는 것은 아니며, 제조설비 역시 없습니다. 자산운용사의 제조설비는 다름 아닌 인력입니다. 그래서 회사 내 유능한 인력이 많을수록 좋은 제조설비를 갖춘 것이 되므로 그만큼 좋은 상품, 펀드를 만들 개연성이 높다고 할 수 있습니다. 자산운용사가 어떻게 펀드를 만드는지 그 제조 과정을 살펴보도록 하겠습니다.

펀드는 최종 소비자인 투자자에게 선을 보이기까지 여러 단계를 거치는 만큼 많은 시간이 필요합니다. 자산운용사는 상품을 구성하는 아이디어에 착안하여 여러 번의 대내·외 회의 등을 거쳐 펀드라는 최종상품을 투자자에게 제공하기까지 많은 노력이 들어갑니다. 자산운용사는 특정 투자자를 위한 맞춤형 펀드인 사모펀드와 불특정 다수를 위한 공모펀드를 만들기 위해 앞으로의 경제전망, 시장 상황, 금리, 환율, 주식시장 등 여러 대외변수를 고려하여 투자자에 가장 적합한 운용전략을 수립합니다.

자산운용사는 투자자와 사전에 약속한 운용전략, 투자기준, 종목 선정기준 등을 투자제안서 등에 녹여내고 이를 충실하게 이행하여야 합니다. 자산운용사의 펀드 운용은 투자자 이익을 최우선 과제로 삼고서 투자전문가로서 모든 투자와 운용을 선량한 관리자의 주의의무로 결정하여야 합니다. 다시 말해 자산운용사는 투자자자금을 수탁하는 청지기로서 선관주의와 충실의무를 다한 운용을 투자자와 약속하는 것입니다. 따라서 자산운용사가 이러한 투자자와의 약속을 지키지 못하여 투자자에게 손해가 발생하는 때에는 손해배상책임을 부담할 수 있습니다. 그렇기에 자산운용사는 투자자에게 지킬 수 없는 약속, 예를 들어, 자금 유치를 위해 높은 수익률을 보장하거나 손실 발생 시 이를 보충하는 등의 불건전 영업행위는 해서는 안 됩니다. 또한, 투자자나 판매회사의 부당한 운용간섭행위로 보일 우려가 있는 문구나 요소는 없는지 충분한 점검을 해야 합니다.

자산운용사의 펀드 제조 과정은 다음과 같습니다.

(i) 자산운용사 내부에서 상품에 관한 아이디어를 서로 교환하며 필요한 자료와 시장에 관한 조사 등을 실시합니다. 자산운용사가 펀드를 만들 때 운용, 상품, 준법 감시 부서 등이 함께 모여 다양한 아이디어와 법적 점검 사항 등을 서로 교환합니다. 펀드는 어느 투자자를 대상으로 할 것인지에 따라 여러 아이디어가 있을 수 있으며, 다른 경쟁회사의 동향이나 직접 투자자를 접하는 판매회사의 의견 역시 빠질 수 없는 아이디어입니다. 아이디어는 자산운용사가 전혀 알지 못하는 멀리 있는 곳이 아니라 조금이라도 관심을 기울인다면 쉽게 얻을 수 있습니다. 예를 들어, 같은 업계에서 근무하는 동료와 만나거나, 금융당국의 세미나참석, 판매회사 임직원과의 미팅, 판매회사 등이 개최하는 시장 관련 전망 등에서 얻을 수 있습니다. 또한, 경제신문의 분석 기사, 전문가들의 칼럼, 외국의 성공적인 자산운용 사례, 인구감소에 따른 소비시장의 변화 등을 다루는 최신 경제 상황에 관한 뉴스나 분석 보고서 등을 통해서도 얻을 수 있습니다.

(ii) 펀드 구성에 관한 아이디어 윤곽이 어느 정도 잡혔다면, 이제는 펀드의 운용전략을 어떻게 가져갈 것인가를 정하여야 합니다. 펀드에서 가장 중요한 요소 하나를 꼽아야 한다면, 아마 펀드를 어떻게 운용할 것인가에 관한 운용전략이지 않을까 합니다. 자산운용사의 운용전략은 어떤 투자자를 위해, 어느 투자자를 대상자로 하는가에 따라 달라집니다. 펀드가 목표로 삼고자 하는 투자자가 정해졌다면, 투자대상은 무엇으로 할 것인가를 결정해야 합니다. 투자대상은 전통자산인 주식과 채권, 대체자산인 부동산, 실물자산, 특별자산인 항공기, 선박, 인프라 등이 있습니다. 자산운용사는 펀드의 운용성과를 측정할 수 있도록 비교지수인 벤치마크를 결정하는데, 벤치마크는 투자대상에 따라 여러 가지가 있습니다. 벤치마크는 펀드의 운용성과를 평가하는 기준이 되는 지표로서 투자수익률이 벤치마크보다 높다면 초과 수익률을 기록하여 성공적인 운용이 이루어진 것이라 평가할 수 있습니다.

(iii) 운용전략과 벤치마크 설정이 끝났다면 다음에는 펀드판매와 홍보를 위해 판매회사나 기관투자자에게 제공하는 마케팅자료인 투자제안서를 작성할 차례입니다. 자산운용사가 시장조사와 운용전략을 통해 펀드 운용 방향에 관한 윤곽을 어느 정도 잡았다면, 이제는 마케팅자료를 통해 본격적으로 목표로 삼은 잠재고객과 판매회사와 사전접촉을 통해 펀드의 자금모집 가능성을 타진합니다. 자산운용사가 마케팅을 위해서 우선해야 할 일은 펀드 이름을 짓는 겁니다. 자산운용사는 투자자가 펀드 이름을 통해 해당 펀드의 특징이나 추구하는 운용 목표를 쉽게 이해할 수 있도록 작명을 합니다. 투자자는 펀드 이름을 통해 어느 자산운용사의 펀드인지, 투자대상 자산은 무엇인지, 펀드 운용은 앞으로 어떻게 이루어질 것인가 등을 알 수 있게 됩니다. 자산운용사는 이러한 내용을 충실하게 반영한 투자제안서를 가지고 잠재고객과 판매회사를 대상으로 설명회를 개최합니다.

(iv) 마지막으로 자산운용사는 판매회사로부터 받은 피드백을 반영하여 투자제안서 작업을 마무리하고, 수탁회사, 판매회사 및 관계 당사자들과 다양한 계약을 체결합니다. 자산운용사는 판매회사의 금융상품 담당자에게 완성된 투자제안서를 기반으로 펀드의 중요내용인 운용전략, 투자한도, 목표수익률, 펀드매니저에 관한 사항, 위험관리 방안 등에 대하여 설명합니다. 증권회사, 은행과 펀드판매를 위한 위탁판매계약을 체결하며, 수탁회사와는 신탁계약을 체결합니다. 일반사무관리회사와는 펀드회계 처리와 기준가격 산출 등을 위한 계약을 체결합니다. 자산운용사는 이러한 절차가 마무리되면 최종적으로 판매회사를 통해 펀드를 설정하여 투자자자금을 받은 다음 투자자산을 매입하며 운용을 시작하게 됩니다.

한편, 자산운용사는 펀드 이름을 작명하는 때, 펀드의 특성이 잘 나타나 누구라도 이름만으로도 펀드를 쉽게 이해할 수 있도록 짓고 있습니다. 우리가 태어나서 제일 먼저 이름을 갖듯이 펀드도 처음 만들어지면 제일 먼저 이름을 갖게 됩니다. 우리가 누군가를 생각할 때는 그 사람의 성품, 나이, 직업, 사는 곳, 성격, 가족관계 등을 생각하게 됩니다. 마찬가지로 펀드도 이름을 보면 어느 자산운용사에서 만든 것인지, 어느 자산에 투자하는 펀드인지, 운용은 어떻게 하는지, 돈은 언제 찾을 수 있는 것인지 등을 알 수 있습니다. 투자자가 펀드의 특성이 잘 드러나는 펀드의 이름을 이해하고 투자할 수 있다면, 그 투자는 이미 절반의 성공을 거두었다고 할 수 있습니다.

자본시장법은 펀드 이름에서 펀드 특성이 잘 나타나도록 규정하고 있습니다. 이 규정은 모든 펀드에 적용되지 않고 공모펀드만 적용됩니다. 해당 규정을 살펴보면, (i) 펀드의 첫머리에 자산운용사의 명칭을 사용할 것, (ii) 판매회사의 명칭은 사용하지 않을 것, (iii) 투자대상이나 운용전략 등이 상품의 내용과 다르거나 투자자를 오인하게 할 우려가 있는 명칭을 사용하지 않을 것, (iv) 다른 회사가 사용하는 이름과 같거나, 유사 명칭을 사용하지 않을 것 등이 있습니다.

자산운용사는 이러한 규정에 맞춰 내부회의를 통하여 펀드 이름에 펀드 특징이 잘 나타나도록 작명을 한 이후 금융감독원, 금융투자협회에 펀드를 등록하고 있습니다. 펀드는 운용이 종료되어 청산이 이루어질 때까지 처음에 지었던 그 이름으로 투자자와 만나게 되므로 신중하게 작명하여야 할 것입니다.

네이버 금융에서 한국밸류 10년 투자 어린이 증권투자신탁 1(주식)(C-E) 라는 펀드를 통해 우리가 알 수 있는 내용은 다음과 같습니다.

· 한국밸류는 이 펀드를 운용하는 자산운용사의 이름입니다.
· 10년 투자 어린이는 이 펀드가 초등학생을 위한 펀드로 10년 이상 장기투자를 목표로 하는 펀드임을 알 수 있습니다.
· 증권투자신탁은 이 펀드가 부동산, 특별자산이 아닌 주식에 투자하는 투자신탁으로 주식형 펀드임을 말하고 있습니다.
· C-E에서 앞글자 C는 이 펀드가 종류형인 Class 펀드이며, E는 인터넷에서 가입하는 전용 펀드임을 알 수 있습니다.

6 펀드백화점

펀드는 투자자산에 따라 주식형, 채권형, 혼합형으로 구분합니다. 주식형은 투자금의 60% 이상을 주식이나 주식 관련 파생상품에 투자하는 펀드입니다. 채권형은 투자금의 60% 이상을 채권과 채권 관련 파생상품에 투자하며, 혼합형은 주식과 채권을 함께 투자하는 유형입니다.

주식형 공모펀드가 좋은 점은 (i) 주가 상승 시 높은 수익을 기대할 수 있습니다. (ii) 여러 종목에 분산 투자함으로써 투자위험과 가격 변동성, 시장위험을 낮춥니다. (iii) 국내뿐만 아니라 해외에도 투자가 이루어져 다양한 투자 수익의 기회를 엿볼 수 있습니다. 이번에는 투자 시 유의점을 보겠습니다. (i) 해외주식에 투자하는 경우 환율위험에 노출됩니다. (ii) 주가가 상승하는 때에는 높은 수익이 기대되지만, 반대로 주가가 하락하는 때에는 투자원금에서 손실이 발생할 염려가 있습니다. (iii) 채권이나 부동산에 투자하는 경우보다 시장위험 노출이 커 상대적으로 가격 변동성이 크다는 점입니다.

펀드는 운용전략이 매우 중요합니다. 운용전략이란 어느 자산에 얼마만큼의 비중으로 투자를 할 것인가인데, 바꾸어 말하면 펀드의 색깔이라 할 수 있습니다. 만일 4차 산업에 투자하는 펀드가 있다면, 어떤 운용전략을 사용할 것인가를 사례로 들어보겠습니다.

자동차산업은 현재의 내연기관에서 전기차, 수소차와 같은 환경 친화 산업으로 이동하면서 자동차 편의 기능이 점차 고급화, 다양화, 지능화되어 전장부품이 큰 관심을 받고 있습니다. 또한, 자동차의 자율주행을 위해서는 빅 데이터의 끊임없는 제공과 보관, 사물 판독을 위한 선명한 영상제공을 위한 카메라 기능이 필수입니다. 자동차 자율주행에는 인공지능을 포함한 여러 산업이 관련되어 있습니다. 그 가운데 빅 데이터는 네트워크 관련 산업이, 빅 데이터의 저장과 관리는 클라우드 산업으로 메모리반도체가 필수이며, 전기차는 이차전지 산업이 주목을 받고 있습니다. 자산운용사는 이러한 산업의 흐름과 미래를 예측하고 이에 맞는 투자종목을 선정한 후 모델 포트폴리오를 구성합니다.

개인투자자 역시 세상 흐름을 읽고 남들보다 앞서 투자기회를 포착하여 저평가된 우량기업에 투자하는 운용전략을 갖는 펀드나 앞으로 성장할 것으로 예상하는 핵심산업에 투자하는 펀드에 가입하여야 합니다. 개인투자자도 이런 세상 흐름을 이해하기 위해서는 꾸준한 독서, 경제뉴스를 통해 산업의 흐름을 읽어낼 줄 알아야 합니다. 투자수익률은 일시적으로 좋지 않을 수 있습니다. 비록 수익률이 단기에는 부진하더라도 본인의 판단과 확신에 따라 향후 수익이 기대되는 산업에 선제적으로 투자하였다면 장기투자를 하면서 기다릴 수 있는 펀드를 골라야 합니다.

주식형은 운용전략에 따라 테마형, 인덱스형, 중소형, 가치형, 성장형 등으로 구분할 수 있습니다. 테마형은 AI 인공지능, 반도체, 4차 산업혁명, 자율주행, 전기차, 로봇산업 등과 같이 특정 섹터에 있는 산업군에 투자하는 펀드입니다. 인덱스형은 거래소의 대표기업을 지수화한 주가지수의 움직임을 복제하여 수익이 결정되도록 설계된 형태로 주식시장의 평균수익을 기대하는 유형입니다. 중소형은 국내의 성장성이 있는 중소기업 위주의 종목에 주로 투자하는 탓에 주가의 상하 움직임인 변동성이 상대적으로 큰 펀드입니다. 가치형은 현시점, 기업가치가 낮게 평가된 기업의 주식에 주로 투자하여 나중에 상승하게 되면 매도하여 차익을 추구하는 유형입니다. 성장형은 기술주 위주로 구성된 펀드 유형으로 가치형과 다르게 성장성이 높은 미래형 산업군으로 구성된 유형입니다.

그런데 운용수익률은 같은 유형의 펀드라 하더라도 자산운용사의 역량에 따라 수익률이 천차만별입니다. 그래서 펀드매니저가 한 회사에서 펀드를 운용한 기간과 운용성과를 살펴보는 것이 좋은 펀드를 고르는 방법 가운데 하나입니다. 만일 펀드매니저가 한 회사에서 오랫동안 운용을 하기보다 여러 회사를 옮겨 다니며 짧은 기간 반복하여 펀드 운용을 하였다면 좋은 펀드를 운용할 가능성은 그만큼 줄어든다고 보아야 합니다. 왜냐하면, 해당 매니저가 단기 수익률을 위해 무리한 운용과 빈번한 매매를 할 수 있는 우려가 있기 때문입니다.

주식형은 국내 주식뿐만 아니라 해외주식에도 투자할 수 있습니다. 해외펀드는 국내자산이 아닌 해외 여러 지역의 자산에 투자하는 펀드인데, 주식, 부동산, 인프라 등에 분산 투자를 함으로써 투자위험은 낮추고 투자수익의 기회를 엿볼 수 있다는 이점이 있습니다. 요즘처럼 정보통신이 발달하지 않았던 예전에는 투자대상 자산이 오로지 국내자산밖에 없었지만, 지금은 IT 기술이 발전하여 실시간으로 미국 주식시장에서 거래되는 엔비디아, 애플, 테슬라, 인텔 등에 투자할 수 있게 되었습니다. 다만, 해외지역에 투자하는 때에 유의할 점은 국내자산이 아닌 해외자산에 투자하기 때문에 해당 나라의 통화로 환전하여 투자와 상환이 이루어지므로 항상 환율위험에 노출되어 있다는 점을 알아야 합니다.

〈투자지역에 따른 특징[84)]〉

구분	선진국	이머징국가	국내
위험크기	중	대	중
기대수익	중	대	중
가격변동폭	중	대	중
환율위험	유	유	무
국가위험	소	대	소

채권형은 투자금의 60% 이상을 채권이나 채권 관련 파생상품에 투자하는 펀드입니다. 이 펀드는 주식형보다 안정성이 높고 투자위험이 작은 대신 기대수익률은 높지 않아 은행의 정기예금보다 약간 높은 수익을 원하는 투자자에게 적합한 펀드입니다. 채권은 발행 주체에 따라 국가 등이 발행하는 국공채, 금융회사가 발행하는 금융채, 특수한 법률에 따라 설립된 법인이 발행하는 특수채, 그리고 일반 주식회사가 발행하는 회사채 등으로 분류하며, 어느 채권에 투자하는가에 따라 국공채형, 회사채형, 하이일드형 등으로 구분합니다.

국공채형은 국가나 지방정부가 발행하는 채권에 주로 투자합니다. 이 유형은 회사가 발행하는 회사채에 투자하는 펀드보다 안정성이 높은 대신 수익성은 떨어집니다. 회사채형은 삼성전자나 현대자동차 등이 발행하는 채권에 투자하는 펀드로 국공채형보다 안정성은 떨어지지만, 기대수익률은 그만큼 높습니다. 하이일드형은 삼성전자와 같은 우량회사보다 낮은 신용을 갖는 회사가 발행하는 회사채에 투자하는 펀드입니다. 이 유형은 채권형에서 투자 위험성이 가장 높지만, 가장 높은 수익이 기대됩니다.

84) 선진국주식은 미국, 유럽, 일본 등을, 이머징국가는 우리나라, 중국, 대만 등이 포함됩니다.

〈채권형 펀드 특징〉

구분	국공채형	회사채형	하이일드형
투자 위험	저	중	고
기대 수익	저	중	고
가격변동폭	저	중	고

혼합형은 밸런스형이라고도 하는데, 그 이유는 하나의 펀드에서 주식이나 채권에 투자하는 비중을 안분·분산하여 투자하는 펀드여서 붙여진 이름입니다. 주식 비중이 채권 비중보다 높으면 주식혼합형이라고 하며, 채권 비중이 주식 비중보다 높으면 채권혼합형이라고 합니다.

혼합형의 장점은 다음과 같습니다. (i) 하나의 펀드에서 주식, 채권 등 여러 자산에 투자할 수 있어 분산효과가 뛰어납니다. (ii) 이러한 분산효과로 인해 투자위험과 가격 변동성을 줄일 수 있습니다. (iii) 주식시장이 좋으면 주식 비중을 늘리거나, 반대의 경우 주식 비중을 줄이는 등 시장 상황에 따라 투자 비중을 탄력적으로 조정할 수 있습니다. 혼합형을 투자할 때 유의할 점은 다음과 같습니다. (i) 자산의 분산 투자로 투자위험과 가격 변동성은 줄일 수 있지만, 수익성은 주식형에 비해 다소 떨어집니다. (ii) 여러 자산에 분산 투자하므로 투자자산의 잦은 교체에 따른 매매 비용 등이 상대적으로 많이 발생할 수 있습니다. (iii) 펀드매니저가 시장 상황을 예측하여 시장 상황에 맞는 운용전략을 적시에 반영하여 적절하게 투자종목을 교체해 가면서 투자 비중을 조정하기가 쉽지 않을 수 있습니다.

앞서 살펴본 펀드는 주식, 채권이라는 전통자산에 주로 투자하는 펀드입니다. 이번에는 부동산, 실물자산, 사회간접자본시설과 같은 대체 자산에 투자하는 펀드에 관하여 알아보겠습니다.

주식이나 채권은 예전부터 오랜 기간 투자대상으로 인기가 높았습니다. 그래서 이들을 전통자산이라고 합니다. 최근에는 주식이나 채권과 같은 전통자산을 대체하는 새로운 자산에 투자하는 펀드가 많아지고 있는데, 영어로 AI(Alternative Investments) 펀드라 하며, 이를 대체투자 펀드라고 합니다. 대체 자산에 투자하는 펀드는 부동산과 실물자산 등에 투자하여 고수익과 낮은 수익의 중간 지점에 위치하는 중간수익을 추구하는 사모펀드에 적합합니다. 투자대상 자산은 주로 부동산, 항공기, 선박, 인프라, 원자재 등입니다.

대체 자산에 투자하는 펀드의 좋은 점은 (i) 수익성이 주식보다는 낮지만, 은행의 정기예금보다 높습니다. 그래서 대체투자 펀드는 위험은 낮추고 어느 정도 수익이 가능한 중위험, 중수익을 목표로 운용합니다. (ii) 주식, 채권은 발행 기업의 경영이 나빠지게 되면, 부도가 발생하거나, 경기침체 등으로 영업환경이 악화되면서 현금흐름이 좋지 않은 경우는 투자금액 전액을 회수하기가 어려울 수 있지만, 대체투자 펀드는 부동산이나 인프라 등 실물자산에 투자하고 미리 담보권을 확보하는 등 채권보전을 통해 자산의 안정성을 보강하고 있습니다. 반면, 대체 자산에 투자하는 펀드는 다음 사항에 유의하여야 합니다. (i) 대체투자 펀드가 투자하는 부동산이나 항공기 등은 주식이나 채권처럼 시장에서 거래되는 것이 아니라 일대일 계약으로 형성되기 때문에 원하는 매수자가 없으면 팔고 싶어도 팔 수 없는 상환 위험(Exit Risk)에 놓이게 됩니다. (ii) 대부분 자산이 시장에서 거래가 이루어지는 것이 아니어서 투자 기간이 5년에서 10년일 정도로 장기투자를 하여야 한다는 점을 유념하여야 합니다. (iii) 본인의 투자자금이 여유자금이 아닌 경우에는 펀드가 운용되는 기간에는 중도에 돈을 찾을 수가 없어 현금화를 하는데 제약이 있으므로 유의할 필요가 있습니다.

7 펀드에 투자해야 하는 이유

펀드는 투자전문가인 자산운용사가 투자자를 대신하여 주식, 채권, 부동산 등에 투자하고 운용결과에 따라 손익을 되돌려 주는 간접투자 상품입니다. 공모펀드의 투자금액은 많고 적음이 중요하지 않습니다. 펀드는 매월 1,000원이나 10,000원처럼 큰돈이 아니더라도 투자할 수 있습니다. 그렇다면 소액투자라는 장점 외에도 공모펀드에 투자해야 하는 펀드매력에는 무엇이 있을까요?

(i) 펀드는 장기투자를 통해 복리 효과를 극대화합니다. 투자할 당시는 큰 금액이 아니더라도 매년 수익을 확보하면서 5년, 10년, 20년을 계속 투자하면, 은행 예금과는 비교할 수 없을 만큼 큰 금액이 될 수 있습니다. 예를 들어, 100원을 10년간 은행에 예금하면 오로지 원금인 100원에만 이자가 붙는 단리(單利)효과에 그치지만, 복리는 이자에 이자가 붙는 것을 말합니다.

〈복리 계산사례〉

- 1년 : 100원×10% = 10원 ⇒ 원금 100원 + 이자 10원 = 110원
- 2년 : 110원×10% = 11원 ⇒ 110원 + 이자 11원 = 121원
- 3년 : 121원×10% = 12.1원 ⇒ 121원 + 이자 12.1원 = 133.1원

(ii) 펀드는 여러 자산과 지역에 분산 투자를 합니다. 주식에 투자하기 위해서는 일시에 목돈이 필요하고, 다른 나라의 주식에 투자할 경우, 그 나라의 통화로 환전을 한 후 종목에 투자하여야 합니다. 따라서 직접투자를 위해서는 많은 시간과 비용이 필요합니다. 펀드는 주식, 채권, 부동산, 항공기 등의 모든 자산과 미국, 중국, 유럽, 일본 등 모든 지역과 나라에 투자합니다. 투자에 따른 위험관리는 해당 펀드매니저와 위험관리부서가 함께 수행하기 때문에 안정적이며 효율적으로 이루어집니다. 이러한 자산과 투자지역의 배분은 투자위험을 분산시켜 주는 효과가 있습니다.

(iii) 펀드는 자산운용사라는 투자전문가가 돈을 불려주기 때문에 손쉽게 투자할 수 있는 수단 가운데 하나입니다. 개인투자자가 주식투자를 위해서는 기업 실적과 재무제표 분석을 기본으로 하여야 합니다. 거기에다 회사의 경영방침, 거래량, 주주분포, 업황 등을 꾸준히 공부해야 합니다. 또한, 금리, 환율, 국제금융시장 동향 등도 늘 주의 깊게 살펴보아야 합니다. 그럼, 펀드에 간접투자를 하는 때와 주식에 직접투자하는 경우를 비교하여 보겠습니다. 펀드는 직접투자를 하는 때보다 투자를 익히기 위해 공부에 할애하는 시간이 상대적으로 덜 합니다. 왜냐하면, 펀드는 펀드매니저가 투자자를 대신해서 기업을 분석하고 경제 상황에 맞는 유연한 운용전략을 구사하여 자산을 구성하고 매매하면서 돈을 굴려주므로 자신에게 맞는 펀드를 선택하면 됩니다.

(iv) ETF는 거래의 편의성과 즉시 현금화가 가능하다는 이유로 빠르게 공모펀드를 대체하고 있습니다. 하지만, 이런 편리함으로 ETF 투자자는 단기투자를 통해 수익을 극대화하고자 하는 경향이 있습니다. 투자자는 매일 시장에서 실시간으로 거래되는 ETF 가격을 보면서 빠른 수익실현을 위해 단기투자 유혹에 쉽게 빠지기 쉽습니다. 또한, ETF는 특정 섹터에 집중투자하여 수익을 꾀하지만, 주식시장이 하락하더라도 주식 비중을 줄이거나 보유 종목을 매도하는 등 위험관리를 별도로 하지 않습니다. 반면, 펀드는 특정 섹터에 집중하지 않고 많은 종목에 분산

투자하여 하방 위험을 관리하며, 주식시장 하락 시에는 주식 비중을 줄이는 등 위험관리를 통해 수익을 방어하고 있습니다. 또 ETF처럼 즉각 현금화가 되지 않아 오히려 수익실현을 위한 환매 충동에 덜 노출되어 장기투자에 적합합니다. 특히 개인연금이나 퇴직연금 DC, 개인퇴직계좌와 같은 장기투자가 필요한 때에는 진득하게 투자성과를 기다릴 수 있는 펀드가 합리적인 선택이라 생각됩니다.

한편, 펀드를 투자하는데 주의해야 할 사항은 무엇이 있는지 알아보겠습니다. 펀드는 은행 예금처럼 예금자보호법에 따른 투자원금이 보장되지 않습니다. 은행 예금은 설령 은행이 부실화되어 예금을 찾을 수 없더라도 정부가 예금자를 보호하는 대신 수익률은 높지 않습니다.[85] 우리나라에서는 예금자보호법을 제정하여 최고 5,000만 원까지 고객예금을 보호합니다. 펀드는 정부의 원금보장이 없는 투자 상품으로 위험성이 큰 만큼 높은 수익이 기대되는 상품입니다.

앞서 누누이 강조한 것처럼 투자는 자기 판단과 책임으로 이루어져야 합니다. 펀드는 투자자산에서 수익이 발생하면 보수와 비용을 제외하고 모든 수익을 투자자에게 그대로 돌려주는 실적배당상품입니다. 자기 책임투자원칙은 자신의 결정으로 투자한 상품에서 발생하는 이익과 손실은 모두 나에게 귀속된다는 원칙으로 판매회사 직원이나 다른 사람 이야기만을 듣고 펀드에 투자해서는 안 된다는 것을 뜻합니다. 그러므로 펀드 투자를 결정하였다면, 사전에 투자설명서, 투자제안서, 약관 등을 꼼꼼하게 읽어보고, 다음 사항을 고려한 투자 결정을 신중하게 하여야 할 것입니다.

(i) 투자하는 돈이 여유자금인지, 아니면 정해진 일자에 사용하는 목적이 정해져 있는 돈인지? (ii) 필요한 때에 언제든지 돈은 찾을 수 있는지? (iii)

85) 예금자보호제도는 은행이 영업정지를 당하거나 파산 등으로 예금을 지급할 수 없는 경우 일정 금액 이상의 예금을 지급하는 제도입니다.

돈이 필요한 시점이 1개월, 6개월, 1년 후인지? (iv) 기대수익률이 은행 예금보다 약간 높은 수익인지, 아니면 고수익을 기대하는 것인지? 등이 있습니다.

8 좋은 펀드 고르는 법

자산운용사는 다수 투자자에게 자금을 받는 공모펀드와 소수 특정 인원으로부터 자금을 받는 사모펀드를 운용합니다. 2024년 2월 말 현재, 공모펀드는 4,809개, 사모펀드는 10,616개로 총 15,425개의 펀드가 운용되고 있습니다. 그래서 비슷한 펀드가 너무 많아 좋은 펀드를 고르기가 여간 쉽지 않습니다.

〈우리나라 펀드 현황〉

펀드시장규모(24/02/28)		억원,개
공모펀드 순자산총액	▲	3,946,972 31,850
사모펀드 순자산총액	▲	6,308,026 15,771
공모펀드 펀드수		4,809 0
사모펀드 펀드수	▲	10,616 11

〈출처 : 금융투자협회, 20240228 기준〉

투자자에게 좋은 펀드란 보수와 비용이 저렴하고, 최근 3년 동안의 운용성과가 꾸준하게 벤치마크를 초과하여 운용성과를 내거나, 자산이 줄어들지 않고 계속 증가하는 펀드입니다. 투자자는 이러한 펀드를 우선 선택한 다음 본인의 투자자금이 여유자금인지, 위험을 감내할 만한 투자 경험은 있는지 등을 고려하여 짧은 기간 단기수익이 아닌 장기투자에 적합한 펀드를 골라야 합니다.

펀드는 은행, 증권회사, 온라인 등을 통해 투자할 수 있습니다. 불과 몇 년 전만 하더라도 펀드에 투자하기 위해서는 은행이나 증권회사 창구에 직접 방문하여 오랫동안 줄을 서 차례를 기다려야 했는데, 요즘은 은행이나 증권회사를 직접 방문하지 않고 앱을 통해 비대면으로 투자할 수 있습니다. 과거 투자자가 펀드를 투자하기 위해서는 사전에 판매직원으로부터 투자설명서와 약관 등을 설명받고 이를 읽은 다음 자필서명을 할 때까지 많은 시간이 들었습니다. 그런데 직접 창구에서 겪는 이런 불편함과 시간을 절약하기 위한 좋은 방법이 은행이나 증권회사의 애플리케이션(앱)을 이용하여 여러 펀드를 비교한 후 나에게 가장 적합한 펀드를 고르는 것입니다.

판매회사는 투자자에게 펀드의 중요내용을 충분하게 설명하고 투자자에게 적합한 펀드를 권유, 추천해야 합니다. 판매회사가 갖는 설명의무는 투자자의 합리적인 투자판단 또는 펀드의 가치에 중대한 영향을 미칠 수 있는 사항을 거짓으로 또는 왜곡하여 설명하여서는 안 됩니다. 금융회사라면 누구나 펀드를 판매할 수 있는 것이 아니라 금융위원회로부터 판매회사로서 인가를 받은 회사만이 할 수 있습니다. 왜냐하면, 국가는 펀드산업이 국가 경제에서 차지하는 비중과 영향을 고려하여 자본시장법에서 진입 규제를 만들어 자본금, 대주주 요건 등을 충족한 금융회사만이 펀드를 판매할 수 있도록 함으로써 간접적으로 투자자를 보호하고 있습니다.

금융투자협회는 증권회사, 자산운용사, 선물회사 등을 회원으로 하면서, 회원 상호 간의 업무 질서 유지 및 공정한 거래를 확립하고 투자자를 보호하기 위한 자율규제기관입니다. 금융투자협회는 홈페이지에서 펀드에 관한 다양한 정보를 제공하고 있는데, 이를 통해 자세하게 펀드에 관해 알 수 있습니다.

〈금융투자협회 펀드 정보 One-Click 시스템〉

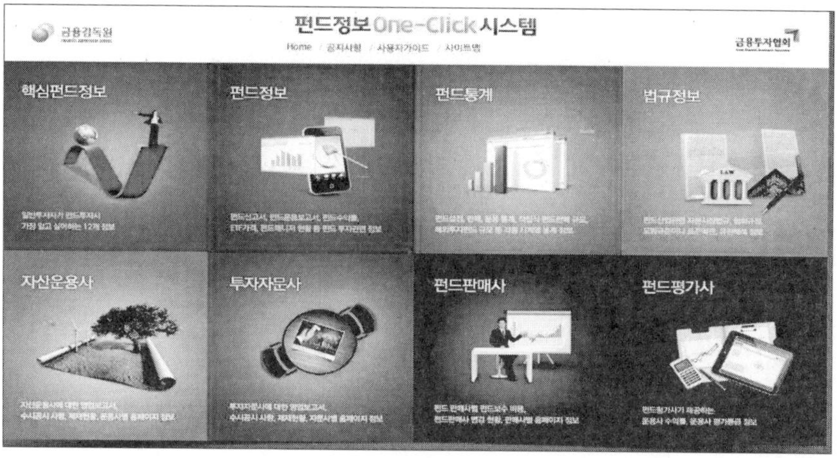

그럼 투자자에게 맞는 좋은 펀드를 선택하는 몇 가지 기준을 살펴보겠습니다.

(i) 투자는 언제까지 할 것인가? 즉, 투자 기간에 관해서입니다. 3년 이상의 장기투자는 보수와 비용이 상대적으로 저렴하고 종목 분산도가 높은 주가지수를 따라가는 인덱스형이 좋습니다.

(ii) 보수와 비용이 저렴해야 합니다. 투자자가 부담하는 보수와 비용은 장기투자를 할수록 펀드 수익률에 마이너스 영향을 미칩니다. 온라인을 통해 클래스 펀드에 가입하면 판매회사를 직접 방문하여 펀드에 가입하는 경우보다 보수와 비용이 저렴합니다.

(iii) 자산총액이 많으면서 계속 자산이 증가하는 펀드가 좋습니다. 자산이 많고 증가한다는 것은 그만큼 투자자로부터 새로운 자금이 계속 들어오는 것을 뜻합니다. 그래서 자산운용사는 보유자산을 팔아 투자자에게 내줄 돈을 마련하지 않아도 됩니다. 그 대신 새로운 자금으로 다른 자산을 계속 매입할 수 있어서 더 좋은 수익률이 기대되는 자산의 복리 효과를 누릴 수 있습니다.

(iv) 수익금을 분배하는 횟수가 적은 펀드가 좋습니다. 펀드는 보통 1년에 1회 결산을 해서 수익금을 투자자에게 지급할 수 있습니다. 그런데 수익금을 현금으로 지급하면 자산이 그만큼 줄어드는 효과로 인해 복리 효과가 줄어들게 되면서 수익률에 안 좋은 영향을 끼칠 수 있습니다. 그래서 수익금을 현금으로 분배하지 않고 다시 재투자하는 펀드가 좋습니다.

(v) 펀드와 비교지수 사이의 차이가 적은 펀드가 좋습니다. 펀드가 상대적으로 운용을 얼마나 잘했는가를 비교하여 살펴보는 것이 벤치마크 지수입니다. 이러한 지수에는 코스피200지수, 코스닥150지수, 나스닥지수 등이 있는데, 펀드를 고를 때 비교지수보다 수익률이 떨어지는 펀드는 피하는 것이 좋습니다.

9 펀드 거래가격

펀드는 누구나 투자할 수 있는 공모펀드, 일정 금액 이상을 투자하는 소수 투자자만을 위한 사모펀드가 있습니다. 펀드는 투자자산 종류에 따라 주식, 채권에 투자하는 전통자산 펀드와 부동산, 선박, 실물자산 등에 투자하는 대체투자 펀드로 구분할 수 있습니다. 전통자산은 펀드가 만들어지던 1970년대부터 지금까지 주된 투자자산으로 그 역할을 다하고 있습니다. 전통자산은 환금성과 유동성이 좋은 자산으로 불특정 다수가 표준화된 거래소를 통해 매일 거래가 이루어지는 특징을 가지고 있습니다. 반면, 대체 자산은 비 시장성 자산으로 일회성 거래금액이 큰 특징과 투자 후 상환에 이르기까지 상당 기간을 보유해야 하는 자산의 특성으로 환금성과 유동성이 떨어지며, 일대일 거래, 정보 비대칭성을 가지고 있습니다.

펀드는 다양한 자산에 투자한 후 개별자산별로 평가하고 이를 합산하여 매일 거래가격을 발표합니다. 이러한 거래가격은 투자자가 펀드를 사거나 파는 때 기준가격이 됩니다. 펀드는 처음 만들어질 때 기준가격이 1,000원에서 시작하여 자산가치에 따라 매일 등락을 합니다. 이때 펀드가 투자한 투자자산의 평가는 투자자산에 따라 다른데, 시가[86]와 공정가 두 가지 방식으로 평가합니다. 주식형 펀드는 거래소에서 거래되는 주식의 최종시가인 종가를 반영하며,

86) 시가는 정해진 가격이 없이 시장 참여자의 거래로 시시각각 형성되는 가격을 말하며, 실시간으로 변한다는 특징을 가지고 있습니다.

부동산, 특별자산과 같이 거래소에서 거래되는 시가 자산이 아닌 경우에는 평가기관으로부터 평가가격을 받아 가격을 반영하는데, 이것을 공정가라 합니다. 펀드는 이러한 시가와 공정가를 더 하여 펀드의 거래가격인 기준가격을 산출합니다.

자산운용사는 투자자산의 시가가 형성되지 않은 자산은 공정가격으로 평가를 하여야 하는데, 이러한 공정가격은 평가 전문기관인 채권평가회사, 부동산 감정법인, 회계법인 등으로부터 해당 자산에 관한 평가가격을 받은 다음 회사 내부기구인 집합투자재산평가위원회의 의결을 거쳐 펀드거래가격에 반영하고 있습니다. 일반사무관리회사는 이러한 시가와 공정가를 토대로 기준가격을 산출하며, 투자자는 이 기준가격을 보고 펀드 운용이 잘 되는가를 가늠할 수 있습니다. 투자자는 최초 펀드 설정 시 1,000원으로 시작한 기준가격에서 환매 시 그동안 투자자산의 평가가격을 반영한 총자산에서 비용과 보수 등을 차감한 순 자산(NAV : Net Asset Value)으로 돌려받습니다. 이러한 공정가에는 여러 종류의 평가방식이 있는데, 그 가운데 하나가 자산을 취득한 가격에 이자를 더해 평가하는 장부가 평가가 있습니다. 보통 장부가는 금전을 대여하는 대출채권으로 펀드를 운용하는 경우, 취득가에 매일 정해진 이자를 더하는 평가방식입니다. 시가평가가 당일 시장에서 최종거래되는 자산 가격을 펀드 기준가격에 반영하는 것이라면, 장부가 평가는 공정가격의 한 종류로 펀드에 편입된 사모 채권이나 메자닌 등을 편입 당시에 정해진 이자율 등으로 평가하는 방식입니다. 또 다른 형태의 평가방식으로 취득가 평가가 있는데, 이는 비상장주식을 취득하는 경우 취득 당시의 가격으로 평가하는 것을 말합니다.

이러한 시가평가에 예외적인 펀드가 있습니다. 자산운용사의 초단기 투자 상품인 MMF입니다. MMF는 투자자가 며칠 간의 여유자금을 굴리기에 좋은 상품인데, 이는 주식처럼 가격 변동성이 크지 않고, 금리변화에 둔감하지 않도록 자산을 구성함으로써 기준가격의 등락이 크지 않기 때문입니다. 그래서 MMF에 대해서만 예외적으로 일정 조건이 충족되는 경우에는 시가평가가 아닌 장부가 평가를 허용하고 있습니다. 즉, MMF가 투자한 채권의 장부상

가치와 시가 사이에 어느 정도의 차이가 발생하면, 해당 채권을 시장에서 팔 때 그 차이만큼 기준가격이 내려갈 수 있습니다. 만일 해당 채권의 장부가 평가액이 100인데, 투자자에게 돈을 내주기 위해 팔려고 시장가격을 보니 99.5라면 0.5만큼 손실이 발생하게 됩니다. 자본시장법은 MMF의 특성상 장부가 평가를 원칙으로 하지만, 예외적으로 이런 경우처럼 장부가와 시가와의 가격 차이가 0.5% 이상 발생하면 장부가 평가가 아닌 시가평가를 하도록 규정하고 있습니다.

마지막으로 투자자산의 평가원칙에 대해 알아보겠습니다. (i) 평가는 일관성이 유지되어야 합니다. 어떤 경우에도 동일자산에 대한 평가는 동일 기준과 원칙에 따라 평가하여야 한다는 원칙입니다. (ii) 평가는 일물일가의 법칙이 적용됩니다. 동일자산에는 오직 하나의 평가가격만 존재할 뿐, 두 개의 평가가격이 있을 수 없다는 원칙입니다. (iii) 마지막으로 평가는 객관적이고 공정하게 이루어질 수 있도록 제3의 평가기관이 제공하는 평가가격을 참고하여 결정할 수 있어야지 자산운용사가 자의적으로 평가를 해서는 안 됩니다.

10 환매, 돈을 찾다

투자에서 가장 중요한 요소는 무엇보다도 투자수익률입니다. 그렇다면, 투자수익률 다음에는 어떤 부분이 중요할까요? 아무리 좋은 투자수익률을 기록하더라도 본인이 원하는 시기에 돈을 찾지 못한다면 말짱 도루묵이 되고 말 것입니다. 투자자로서는 확정된 투자수익을 제때 찾는 것이 투자수익률 못지않게 중요할 것입니다. 펀드는 은행 예금과 다르게 당일 청구하여 당일 찾을 수 없으며, 예금인출과 다르게 복잡한 절차와 여러 날을 거쳐 투자금을 찾을 수 있습니다.

환매란 펀드에서 돈을 인출 하는 것으로, 은행의 예금인출과 동일 의미로 사용하는 단어입니다. 투자자는 투자금을 찾기 위해 은행이나 증권회사를 통해 출금신청, 즉 환매신청을 하여야 합니다. 펀드는 아무 때나 돈을 찾을 수 있는 펀드와 그렇지 않은 펀드로 나뉘며, 일부 고액자산가가 가입하는 대체자산이나 비상장주식에 투자하는 사모펀드를 제외하고 공모펀드는 필요한 때 수시로 돈을 찾을 수 있습니다. 따라서 펀드를 투자할 때에는 이러한 환매에 관한 내용을 정확하게 이해하고 가입하여야 합니다. 그런데 펀드는 은행 예금과 다르게 출금신청을 한 후 즉시 돈을 찾을 수 없습니다. 그 이유는 펀드는 현금을 보유하지 않는 대신 여러 자산에 투자하여 자산을 보유하고 있습니다. 자산운용사가 투자금을 돌려주기 위해서는 자산을 팔아 현금을 만들어야 하므로 일정 기간이 필요하게 됩니다. 주식은 매도 후 3일째, 채권은 매도

후 2일째 되는 날에 현금이 들어오므로 다음날 투자자에게 돈을 돌려주게 됩니다. 이처럼 투자자산에 따라 현금화가 이루어지고 투자자에게 투자금을 돌려주는 기간을 환매 주기라 하며, 이는 펀드의 유형에 따라 제각각 다릅니다. 그러므로 투자자는 처음 펀드에 가입하는 때에 환매 조건을 주의 깊게 확인하여야 합니다.

펀드는 투자자산 종류, 투자지역 등에 따라 환매 조건이 결정되며, 자본시장법은 환매의 최대기간을 15일 이내로 하고, 펀드 약관에서 구체적으로 환매 일자를 규정하고 있습니다. 환매는 언제 신청하느냐에 따라 적용되는 기준가격과 환매대금의 지급일자가 다릅니다. 이는 앞서 설명한 대로 자산운용사가 투자자산을 시장에 매각 하여 현금을 마련하여야 하기 때문입니다. 즉, 투자자가 판매회사에 환매신청을 하고, 판매회사는 이를 집계하여 한국예탁결제원 시스템에 올리면, 자산운용사는 해당 펀드에 현금보유상황을 점검하고 펀드가 보유하는 현금이 부족하여 보유현금으로 지급할 수 없는 때에는 자산을 매각하여 현금을 준비합니다. 이처럼 자산운용사는 자산을 매각하여 현금화에 걸리는 시간을 고려하여 환매 기간을 결정합니다. 투자자는 언제든지 환매를 신청할 수 있으며, 자산운용사는 투자자가 환매 청구를 한 날로부터 15일 이내에 약관이 정한 날에 판매회사를 통해 현금을 지급하여야 합니다. 해외자산에 투자하는 펀드라면 현금화에 걸리는 시간이 상대적으로 길어 현금 지급이 일주일 이상 걸리기도 합니다. 여기서 주의할 점 하나가 있습니다. 투자자가 중도에 돈을 찾으면 그동안 발생한 이익금 내에서 환매수수료가 부과됩니다. 환매수수료는 투자자가 일정 기간 이내에 투자금을 찾는 경우, 해당 기간까지 발생한 이익금 안에서 부과되는 일종의 벌금입니다. 투자자가 중도에 돈을 찾게 되면, 자산운용사는 이미 투자한 주식이나 채권을 팔아 현금을 준비하여야 합니다. 이때 자산운용사는 신규 자금이 유입되지 않는 한, 새로운 자산을 매입하지 못하게 됨으로써 수익률에 있어 남은 투자자에게 좋지 않은 영향을 미치게 됩니다. 그래서 환매를 하는 투자자에게 벌금처럼 환매수수료를 부과하여 펀드에 귀속시킴으로써 남은 투자자를 보호하고 있습니다.

펀드는 운용 기간 내에 투자자가 자유롭게 환매를 신청할 수 있느냐에 따라 개방형과 폐쇄형으로 펀드를 구분합니다. 앞서 설명한 개방형 펀드와 다르게 폐쇄형 펀드는 펀드의 운용이 종료되는 때, 환매가 가능하므로 주로 비상장 주식이나 부동산 등에 투자하는 사모펀드에 적합한 펀드 형태입니다. 사모펀드라 하더라도 증권에 투자하는 펀드는 공모 펀드와 같은 환매 주기를 가지고 있습니다.

아래 표는 펀드 유형에 따른 환매 기간을 나타낸 것으로 증권형 펀드에 적용되며, 표에서 보이는 주식비율은 실제로 펀드가 투자한 실제 비율입니다. 이 편입비율에 따라 주식이 50% 이상이면 주식혼합형, 50% 미만이면 채권혼합형으로 구분합니다. 채권형에서 채권은 보통 장외에서 5시까지 거래가 이루어지므로 5시 전후를 환매청구기준으로 하며, 적용 기준가는 투자자가 펀드에서 돈을 인출 하는 때에 매매기준이 되는 기준가격을 말합니다. 예를 들어, 주식이 50% 이상인 주식혼합형과 주식형은 환매신청일로부터 4영업일에 현금을 지급하며, 채권형은 환매신청일로부터 3영업일에 환매대금을 지급합니다.

〈표준 환매 기준〉

<table>
<tr><th colspan="2">구분
청구 시간</th><th>T
(당일)</th><th>T+1
(2일차)</th><th>T+2
(3일차)</th><th>T+3
(4일차)</th><th>T+4
(5일차)</th></tr>
<tr><td rowspan="2">주식
50%
이상</td><td>15:30분 전</td><td rowspan="6">환매
신청</td><td>적용
기준가</td><td></td><td rowspan="3">대금
지급</td><td></td></tr>
<tr><td>15:30분 후</td><td></td><td>적용
기준가</td><td></td></tr>
<tr><td rowspan="2">주식
50%
미만</td><td>17:00 전</td><td></td><td>적용
기준가</td><td></td></tr>
<tr><td>17:00 후</td><td></td><td></td><td>적용
기준가</td><td>대금
지급</td></tr>
<tr><td rowspan="2">채권형</td><td>17:00 전</td><td></td><td>적용
기준가
대금
지급</td><td></td><td></td></tr>
<tr><td>17:00 후</td><td></td><td></td><td>적용
기준가
대금
지급</td><td></td></tr>
</table>

11 수시 입 · 출금

우리가 금융회사와 거래하는 이유는 제각각입니다. 은행은 안전한 예 · 적금에 가입하고, 보험회사와는 미래에 발생할지 모르는 위험에 대비하여 보험 상품에 가입하며, 카드회사로부터 신용카드를 발급받아 일상적인 소비 활동을 합니다. 증권회사에서는 위탁계좌를 개설하여 주식, 채권, ETF에 투자하거나 펀드에 가입하여 투자 활동을 영위하며, 자산운용사는 여러 자산에 투자하는 펀드에 가입하여 수익을 추구합니다.

자산운용사의 펀드를 이용하는 중요한 이유는 투자한 돈으로 수익을 불리면서, 필요한 때에는 언제든지 돈을 찾을 수 있기 때문입니다. 수시 입출금이 가능한 은행의 보통예금은 단지 돈을 보관하는 기능에 그치기 때문에 이자수익이 거의 없는 반면, 펀드는 높은 수익이 기대되는 실적배당상품입니다. 펀드는 투자자가 원하는 때, 수시로 투자금을 찾을 수 있는 개방형 펀드와 펀드 만기 시까지 돈을 찾을 수 없는 폐쇄형 펀드로 이루어져 있습니다.

언제나 입 · 출금이 가능한 개방형과 추가형의 형태는 공모펀드에 적합하며, 이와는 반대로 미리 정한 날짜에만 입 · 출금이 가능한 폐쇄형과 단위형 형태에는 사모펀드가 적합합니다. 물론 공모펀드도 단위형과 폐쇄형이 가능하지만, 사모펀드에 비하면 이용 빈도수는 거의 없습니다.

〈펀드 조합〉

구분	단짝 친구		투자자산
공모	개방형	추가형	주로 주식, 채권 등 시장자산
사모	폐쇄형	단위형	주로 부동산 등과 같은 비유동자산

개방형 펀드는 시장 매각을 통해 현금화가 쉬운 시장성 자산에 주로 투자합니다. 자산운용사는 고객의 수시 출금 요청에 대응하기 위해 부동산이나 선박처럼 시장에서 매각하기 어려운 비유동성 자산에 투자하지 않고, 주식, 채권과 같이 시장에서 자유롭게 매매가 일어나는 유동성이 풍부한 투자자산에 주로 투자합니다. 펀드 만기가 정해져 있지 않기 때문에 투자자 1인이 펀드에 남아 있는 한 운용은 계속되어야 합니다. 공모펀드가 50억 원 이하인 경우, 자본시장법에서는 이를 소규모펀드로 정의하고 임의로 펀드 운용을 종료할 수 있도록 하고 있지만, 고객 민원을 염려하는 판매회사의 반대나 투자자의 연락처 부재 등으로 펀드 해지는 사실상 어렵습니다. 개방형 펀드는 투자자자금이 수시로 펀드에서 빠져나간다면 안정적인 운용이 저해되어 운용수익률에 나쁜 영향을 가져올 수 있습니다. 이는 자산운용사가 투자자에게 돈을 돌려주기 위해 펀드가 가지고 있는 투자자산을 시장에서 매각하여 현금을 마련하여야 하기 때문입니다. 이때 일시적으로 투자자 환매를 억제할 수 있는 제도가 있습니다. 투자자에게 환매수수료를 부과하는 것인데, 이는 투자자 원금에 부과하는 것이 아니라 수익금에 일정 비율로 곱한 후 투자 기간별로 다르게 적용하는 일종의 벌금 성격의 수수료입니다. 예를 들어, 펀드 가입 후 6개월 미만이라면 수익금의 30%를, 3개월 미만은 90%를 부과하는 식입니다. 최근에는 펀드 경쟁력확보를 위해 환매수수료를 떼지 않는 펀드가 점차 늘어나는 추세입니다.

폐쇄형 펀드는 개방형 펀드와 반대로 펀드의 운용 기간이 끝나는 때 투자금을 일시에 찾을 수 있는 펀드입니다. 그래서 개인투자자보다는 투자 경험이 많은 고액자산가나 기관투자자에게 적합한 펀드입니다. 이 펀드는 개인투자자보다는 기관투자자가 선호하는 펀드로 주로 비유동성 자산에 투자하며, 3년에서 5년의 펀드 운용 기간이 끝날 때 일시에 투자원금과 수익을 찾아가는 사모펀드에 적합한 펀드입니다. 폐쇄형 펀드의 특징은 다음과 같습니다.

(i) 약관에서 미리 정한 펀드의 운용 기간이 끝날 때까지 투자원금을 회수할 수 없습니다. 자본시장법은 폐쇄형 공모펀드에 대해서는 투자자의 투자원금 회수가 쉽도록 주식처럼 상장하여 거래소에서 거래가 되도록 하고 있습니다. 다만, 폐쇄형 사모펀드는 예외 적용을 받아 상장하지 않아도 됩니다.

(ii) 주된 투자대상이 비유동성 자산인 부동산, 선박, 항공기, 비상장증권입니다. 상장주식은 원하는 때에 현금으로 바꿀 수 있지만, 비유동성 자산은 현금으로 쉽게 바꿀 수 없으며, 시장가격이 있지 않아 현금화를 하는데 상당 시간이 소요됩니다. 또한, 펀드 만기 시 투자자산이 회수되지 않아 원금상환이 안 될 위험이 항상 존재합니다.

(iii) 펀드 설정 시 투자대상 자산을 확정하지 않는 블라인드 방식과 투자자산이 확정되는 때마다 투자자에게 투자금을 요청하는 캐피탈 콜 방식으로 운용합니다. 이러한 운용방식은 펀드 설정 시 투자자와 투자계약서 등을 통해 확정하므로 자산운용사는 공모펀드에 비해 안정적인 펀드 운용이 가능합니다.

(iv) 투자자산이 최초 목표한 수익을 조기에 도달한 경우는 설령 펀드 운용 기간이 남아 있더라도 투자자 전원 동의를 얻어 투자원금과 수익을 조기에 나누어주고 펀드 운용을 종료할 수 있습니다.

12 행동주의펀드

자산운용사가 펀드에서 매입한 주식은 수탁은행 명의로 보관되어 있습니다. 자산운용사는 매년 상장회사의 주주총회에 주주로서 의결권을 행사하고 있습니다. 상장회사의 주주총회는 이사선임, 이사의 보수 한도, 감사 선임, 배당금 확정 등을 안건으로 하여 주주표결로 결정합니다. 이때 자산운용사는 각 안건에 찬·반을 표시하여 의결권을 행사하며, 투자자 이익을 위해 면밀하게 안건을 검토하고 있습니다. 이러한 자산운용사의 의결권 행사는 투자자 이익을 최우선으로 하여 행사하지만, 주주의결권을 통해 기업의 의사결정에 적극적으로 영향력을 행사하여 이익을 추구하는 행동주의펀드에 비해서는 소극적이라 할 수 있습니다.

행동주의펀드는 특정 기업의 주식을 대량으로 매수한 후 의결권 행사를 통해 기업가치의 증대를 꾀하고 그로부터 최대치의 이익을 얻고자 하는 펀드입니다. 행동주의펀드는 주로 저평가된 기업이나 회사의 거버넌스가 취약한 기업을 상대로 기업가치를 끌어올리기 위해 주주로서 경영에 관여하는 펀드입니다. 국내 행동주의펀드는 2006년 라자드자산운용의 장하성펀드라고 불렸던 한국지배구조개선펀드가 효시입니다. 해당 펀드는 설정 규모가 크지 않았고, 과거 2004년 소버린 펀드의 SK경영권 공격[87]과 2006년 칼 아이칸펀드의

87) 소버린자산운용은 영국계 자산운용사로 2003년 4월 SK㈜ 지분 14.99%를 매입해 2대 주주에 오른 뒤 2년 3개월 동안 지배구조 개선을 요구하며 경영 투명성 제고 등을 내세워 SK그

KT&G경영권 공격[88] 등으로 인해 그다지 행동주의펀드에 우호적이지 못했던 당시 상황으로 2012년 결국 청산되었습니다. 2016년에는 스튜어드십코드[89]가 도입되어 주주환원 정책이 강화되면서 국내 행동주의펀드의 활동이 점차 증가하고 있는데, 주로 사외이사선임, 배당증액 등 지배구조개선과 주주환원 정책[90]과 관련한 다양한 주주제안으로 이익을 높이고 있습니다. 특히 국내 행동주의펀드의 대명사로 불리는 강성부 펀드는 2023년 8월 메리츠자산운용을 인수하여 KCGI자산운용[91]으로 새롭게 사명을 변경하고 2023년 9월 행동주의 공모펀드인 KCGI ESG 동반성장 펀드를 출시하는 등 본격적인 활동을 예고하고 있습니다.[92] 다만, 이러한 행동주의펀드의 적극적인 경영권참여가 기업경영에 막대한 영향을 끼칠 수 있는 만큼 기업의 가치상승을 끌어내 단기간 주가 상승에 따른 과실이 아닌 기업의 장기적 가치상승으로 이어져 주주가치가 제고될 수 있는 펀드의 운용전략이 제시되어야 할 것입니다. 2006년 이후 국내 행동주의펀드의 주요사례는 다음과 같습니다.

룹을 상대로 최태원 회장 퇴진 등 경영진 교체 및 기업지배구조 개선, 계열사 청산 등을 요구하며, 2003년 4월부터 주당 평균 9,293원에 사들인 주식을 2년여 만에 52,700원에 팔아 8,000억 원이 넘는 시세차익과 배당금과 환율변동 등을 더해 약 1조 원 가까운 차익을 거두었습니다.

88) 미국의 칼 아이칸은 스틸파트너스와 연합하여 2006년 KT&G 주식지분 6.59%를 매입한 후 이사회에서 자회사 매각을 요구하는 등 적극적인 경영 개입을 시도하다 주식을 매각해 약 1,500억 원의 차익을 거두었습니다.

89) 스튜어드십코드란 서양의 큰 저택을 관리하는 집사(Steward)처럼 고객 재산을 운용하는 연기금과 자산운용사 등이 투자기업의 의사결정에 적극 참여를 유도하는 자율지침을 말합니다. 특히 2018년 7월 국민연금의 스튜어드십코드 도입을 계기로 행동주의펀드의 활동이 더욱 활발해지는 추세입니다.

90) 회사의 주주환원 정책에는 배당확대, 자사주 매입 등이 있습니다. 배당확대는 주주에게 돌아가는 돈이 많아지며, 자사주 매입은 시중에 유통주식 수가 줄어들어 주가가 상승하는 효과가 있어 주주가치 제고에 자주 사용되는 정책입니다.

91) KCGI는 Korea Corporate Governance Improvement의 약자입니다.

92) 시사저널, KCGI운용으로 변신한 강성부 펀드의 노림수 통할까(2023.10.16.).

〈국내 행동주의펀드 주요사례〉

연도	자산운용사	대상기업	목적
2006	장하성펀드	태광산업, 한솔제지, 대한화섬, 크라운제과, 화성산업, 동원개발	이사선임, 이사회 독립성 등 지배구조 개선
2018	KCGI	한진칼	지배구조 재편, 부채비율 개선
2019	KB주주가치포커스	SM엔터테인먼트	라이크기획과 합병 및 배당
2022	안다자산운용	SK케미칼	SK바이오사이언스 지분매각
		KT&G	사외이사, 배당확대, 인삼공사 분할
	얼라인파트너스	SM엔터테인먼트	사외이사 비율 확대 등
		JB금융지주	해당확대, 사외이사선임
	라이프자산운용	SK	자사주소각
	트러스톤자산운용	BYC	내부거래 공정성
		태광산업	흥국생명 유상증자 참여 중단
	VIP자산운용	아세아시멘트	배당확대, 자사주소각

〈출처 : 자본시장연구원, 최근 행동주의펀드 현황 및 국내 시사점, 6면〉

⑬ 인덱스, 액티브 운용

주식형 공모펀드는 인덱스형과 액티브형으로 나눌 수 있는데, 이는 자산운용사가 어떤 전략을 취하느냐에 따른 구분법입니다. 세계 각국은 자기 나라를 대표하는 주가지수를 가지고 있습니다. 이러한 주가지수는 각 나라의 증권거래소나 국제적으로 공인된 투자은행이 나라를 대표하는 종목을 모아 시가총액 비중에 따라 산출하고 있습니다. 미국은 다우존스지수, S&P 500지수, 나스닥지수 등이 있으며, 유로존에는 유로스톡스 50지수, 프랑스의 CAC지수, 독일의 DAX지수가 있습니다. 일본에는 니케이 225지수와 토픽스지수가, 중국에는 상해 종합지수와 심천 종합지수가 있습니다. 이들은 주가지수에 편입된 종목을 정기적으로 점검하여 구성요건을 충족하지 못한 종목은 제외하고, 요건을 충족한 종목은 새롭게 편입하는 주가지수 조정을 합니다.

인덱스형(Index)은 펀드매니저가 펀드를 운용하면서 적극적으로 주식을 매매하지 않고 주식시장흐름을 나타내는 주가지수를 추종하도록 설계한 소극적인 운용기법을 말합니다. 세계 최초의 인덱스펀드는 1975년 뱅가드의 창립자인 존 보글이 미국 뉴욕증시의 대표지수인 S&P 500지수를 추종하여 만든 뱅가드 500 펀드입니다. 최근 빠른 성장세를 보이며 자산총액 140조 원을 기록한 ETF 역시 인덱스펀드의 일종입니다.[93] ETF 역시 기초지수를 추종하여 운용되도록 설계되며, 이때 ETF를 운용하는 자산운용사는 NH투자증권, Fn가이드

---

93) ETF는 Exchange Traded Fund를 줄인 말로 상장지수펀드라고 합니다.

등이 만드는 기초지수를 활용하여 기초지수의 구성 종목과 비중을 그대로 복제하여 운용합니다. 예를 들어, KODEX200 ETF는 KOSPI 200지수를 따라가도록 업종 대표성 및 유동성 등을 고려하여 선정된 코스피 200종목을 기초지수로 하여 운용되는 ETF임을 알 수 있습니다. 우리나라의 대표적 ETF 브랜드는 삼성자산운용의 KODEX, 미래에셋자산운용의 TIGER가 있습니다.

인덱스펀드는 펀드에 처음 가입하는 초보 투자자라면 주식시장의 흐름을 따르는 인덱스형이 좋은데, 인덱스펀드의 장점은 다음과 같습니다. (i) 보수와 비용이 저렴합니다. 인덱스펀드는 주가지수를 따라가도록 만든 펀드이기 때문에 펀드매니저가 적극적으로 주식을 사고팔지 않습니다. 그래서 적극적으로 주식을 사고파는 액티브펀드보다 운용보수와 매매 비용이 저렴합니다. (ii) 장기투자에 적합합니다. 주식시장은 느리지만 꾸준하게 우상향 곡선을 보이는 경향을 보입니다. 이러한 주식시장흐름을 따르도록 설계된 인덱스펀드는 단기간 투자보다 장기투자를 하는 것이 좋습니다. 인덱스펀드는 보수와 비용면에서 액티브펀드에 비해 유리하기에 장기투자에 적합합니다. (iii) 많은 종목에 분산 투자를 합니다. 인덱스펀드는 추종하는 주가지수의 구성 종목인 개별 종목을 시가총액 비중대로 복제하여 따라가도록 투자종목을 편입하므로 분산 투자의 효과를 극대화합니다. 예를 들어, KOSPI 200지수를 추종하는 인덱스 펀드는 KOSPI 200지수를 구성하는 종목 200개를 시가총액 비중대로 편입하게 되므로 보통 투자종목 50개 내외를 편입하여 운용하는 액티브펀드에 비하여 분산효과가 크다고 하겠습니다.

액티브펀드는 펀드매니저가 주식을 적극적으로 사고팔면서 매매이익을 추구하는 펀드입니다. 따라서 이 펀드는 펀드를 운용하는 자산운용사의 운용철학과 펀드매니저의 개인적 역량이 중요합니다. 특히 펀드매니저의 운용철학, 운용전략, 투자종목 등이 어우러진 과거의 운용성과 등이 매우 중요합니다. 액티브펀드는 한 바구니에 달걀을 담지 말라고 하는 분산 투자전략을 통해 위험과 변동성을 줄이는 운용을 합니다. 액티브펀드에 투자한다면 다음 사항을 확인하여야 합니다.

(i) 자산운용사의 운용철학은 자산운용사와 펀드매니저의 운용에 관한 평소 소신입니다. 가정으로 치면 가훈이라고 할까요? 그래서 자산운용사가 어떤 신념과 소신으로 일관된 운용을 하는지가 중요합니다. 자산운용사가 단기 운용성과에 치우치지 않고 장기적 안목에서 고객 이익을 최우선으로 하는 운용전략으로 절대 손실이 나지 않는 펀드를 운용하고 있는지, 운용철학과 투자철칙을 확인할 필요가 있습니다. 보통 3년 이상 운용성과가 경쟁사 대비 20% 범위를 꾸준하게 유지한다면 좋은 펀드라 하겠습니다.

(ii) 자산운용사의 운용전략을 확인합니다. 액티브펀드라고 하여 모두 같은 운용전략을 사용하지 않습니다. 구체적인 운용전략으로는 주식매매는 얼마나 자주 할 것인가? 투자종목 보유는 어느 정도의 기간으로 할 것인가? 성장에 기반을 둔 기술주로 할 것인가 아니면 현재 저평가된 가치주로 종목을 구성할 것인가, 종목교체는 언제, 어느 정도 비중으로 할 것인가, 외국주식에 투자하는 펀드라면, 환 헤지를 할 것인가 등이 있습니다.

(iii) 펀드의 보수와 비용을 확인합니다. 액티브펀드는 인덱스형에 비해 높은 보수와 비용이 부과됩니다. 예를 들어, 펀드 수익률이 5%라고 가정할 때, 보수와 비용의 합이 1.5%에 이르면 실제로 수익은 3.5%이고 1.5%가 비용 등으로 사라진 셈입니다. 특히 해외투자 펀드는 보수가 상대적으로 더 높을뿐더러 주식매매비용이나 환 헤지 비용이 상당하다는 점에도 유의할 필요가 있습니다.

(iv) 펀드 운용자산의 증감 추이를 확인합니다. 액티브펀드에 신규 자금이 꾸준하게 유입되는가를 확인할 필요가 있습니다. 만약 신규 자금보다 환매 자금이 더 많은 경우에는 자산운용사가 투자금을 내주기 위해 투자자산을 시장에 매각한다는 것을 뜻하므로 투자수익률에 나쁜 영향을 끼치게 됩니다. 그래서 운용자산이 감소하는 펀드보다 계속 증가추세에 있는 펀드가 좋은 펀드라 하겠습니다.

(v) 펀드의 장기 운용성과를 확인합니다. 액티브펀드의 운용성과가 시장지수를 초과하여 꾸준하게 장기적으로 우상향하는가를 확인하여야 합니다. 펀드가 최소한 안정적인 운용성과로 인정받기 위해서는 최소 3년 이상 연속하여 벤치마크 지수를 초과하는지를 살펴볼 필요가 있습니다. 최소 3년 이상의 운용성과를 살펴보는 이유는 앞으로도 안정적인 운용성과를 기대할 수 있기 때문입니다.

14 주식 · 채권뿐만 아니라 펀드에도 투자해

자본시장법은 소위 원금손실 가능성인 투자성이 있다면 모든 자산을 금융투자상품에 포함하면서, 본 요건에 충족되는 한 어떤 자산이라도 펀드에서 투자할 수 있도록 하였습니다. 이러한 접근법으로 인해 법이 명문으로 금지하는 자산이 아니라면, 펀드는 다양한 형태의 자산에 투자할 수 있게 되었습니다. 하지만, 법이 이러한 네거티브방식을 취하더라도 관련 법령을 위반한 투자까지 허용하는 것은 아닙니다. 예를 들어, 펀드는 이자제한법상 상한선 20%를 초과하여 이자를 수취하는 대출채권에는 투자할 수 없습니다. 이와는 반대로 법이 정한 투자 상품에만 투자할 수 있는 포지티브방식이 있는데, 이 방식은 관련 규정이 새롭게 제정되어야 비로소 투자할 수 있다는 점에서 투자 적시성이 떨어진다는 단점이 있습니다.

자본시장법은 펀드가 투자하는 자산에 대해 네거티브방식을 적용함으로써 자산운용사는 다양한 자산에 투자하는 펀드를 운용할 수 있게 되었습니다. 펀드는 여러 기준에 따라 다양하게 나눌 수 있습니다. 가장 기본적인 형태는 투자자 수에 따른 공모와 사모펀드, 펀드를 투자자산으로 분류하는 때에는 주식형, 채권형, 혼합형, 대체투자형, 재간접형으로 구분합니다. 투자지역에 따라서는 국내형과 해외형으로 구분이 가능하며, 투자금의 추가 입금과 환매 여부에 따라서는 추가형과 개방형, 단위형과 폐쇄형으로 분류할 수 있습니다.

오랜 기간 펀드의 투자대상이었던 주식, 채권, 부동산 등이 아닌 펀드 그 자체에 투자하는 재간접펀드(Fund of Funds)가 있습니다. 재간접펀드는 현재 운용 중인 다른 펀드에 전체자산의 50% 이상을 펀드에 투자함으로써 투자처 다변화를 통해 투자위험을 최소화하고 수익과 안정성을 동시에 추구하는 운용전략을 취합니다. 재간접펀드에서 투자자로부터 투자금을 직접 받는 펀드는 마스터 펀드(Master)라고 하며, 마스터 펀드를 통해 투자대상이 되는 피투자 펀드는 피더 펀드(Feeder)라 합니다. 재간접펀드의 성공 열쇠는 어떤 기준으로 투자할 펀드를 선정하고 어느 정도 비중으로 투자할 것인가입니다. 이를 위해 자산운용사는 펀드선정기준을 만들어 회사 내부심의절차에서 투자할 펀드를 운용하는 해외 자산운용사와 이에 부합한 펀드를 투자대상으로 하고 있습니다.

〈재간접펀드 구조〉

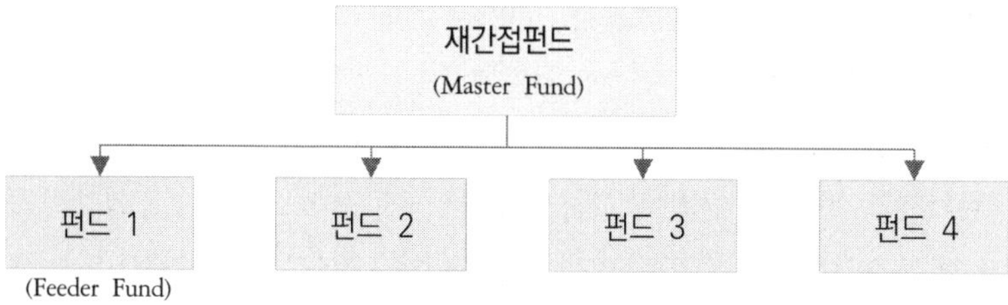

재간접펀드는 여러 펀드에 투자함으로써 다양한 투자자산에 투자하는 분산투자 효과를 극대화하고, 투자위험과 변동성을 줄여 안정적인 수익추구가 장점입니다. 확정기여형 퇴직연금과 개인 퇴직계좌 IRP를 위한 운용상품 중에는 투자자의 퇴직 시점에 맞추어 펀드를 운용하는 TDF가 있습니다. 이것은 Target Date Fund의 약자로, 주로 해외에서 운용이 이루어지는 펀드를 주요 자산으로 편입하여 투자자의 퇴직 시점에 맞추어 위험자산과 안전자산의 비중을 조절하는 재간접펀드입니다. 이 펀드는 2016년 최초로 우리나라에 도입되어 2023년 5월 현재 연금 시장에서 11조 원을 돌파할 정도로 많은 인기를 얻고 있습니다.[94]

94) 머니투데이, TDF 출시 7년 만에 시장규모 10조 돌파.... 누적 수익률 15.7%(2023.5.9.)

재간접펀드는 국내투자보다 해외투자에 적합한 펀드라 할 수 있습니다. 국내 자산운용사는 해외 자산운용사보다 해외기업의 투자정보, 기업정보, 경제 상황 등을 쉽게 접할 수 없습니다. 그래서 국내 자산운용사가 재간접펀드를 만들어 현지 전문가들이 운용하는 펀드에 투자하는 이유입니다. 재간접펀드를 운용하는 자산운용사는 재간접펀드에 편입하여 운용할 펀드를 선정할 때 해외 자산운용사의 운용전략, 운용성과, 운용규모, 투자지역, 투자자산별로 후보군을 지정한 후 상호 비교하여 가장 최적화된 분산 투자가 이루어지도록 심의절차를 거쳐 재간접펀드를 설정하고 있습니다. 또한, 여러 펀드에 투자하는 만큼 보수와 비용이 지나치게 높게 설계가 되지 않도록 재간접펀드를 디자인합니다.

재간접펀드는 (i) 여러 펀드에 투자하여 비용이 많이 듭니다. 우선 일차적으로 투자한 재간접펀드가 부담하는 신탁보수와 비용이 발생하며, 이차적으로 재간접펀드가 투자한 다른 B · C 펀드에서도 보수와 비용이 발생하여 비용 등이 이중으로 부과됩니다. (ii) 재간접펀드가 투자한 B · C 펀드의 구성 종목 등을 쉽게 알 수 없는 단점이 있습니다. 이러한 정보는 중요한 정보인데, 투자자가 이를 적시성 있게 구하기가 어렵습니다. (iii) 주로 해외펀드에 투자하고 있어 돈을 찾는 데 많은 시간이 걸리고 환율위험에 노출되어 있습니다. 해외에 투자하는 B · C 펀드가 일차로 현금화를 한 다음, 재간접펀드에 건네주고 재간접펀드가 환매대금을 투자자에게 건네주기 때문입니다. (iv) 다양한 펀드에 투자할 수 있으므로 투자자산, 투자지역 등에 제한을 받지 않고 투자하면서 분산효과를 극대화하며, 위험과 변동성을 낮출 수 있습니다.

한편, 재간접펀드와 비슷한 모자형 펀드가 있습니다. 재간접펀드와 똑같이 모자형 펀드 역시 투자대상이 펀드입니다. 하지만, 재간접펀드와 모자형 펀드는 여러 면에서 차이가 있습니다. 모자형 펀드는 실제로 펀드 운용이 이루어지는 모 펀드와 이러한 모 펀드를 투자대상으로 하는 자 펀드가 있습니다. 투자자가 자 펀드에 투자금을 입금하면, 해당 자금이 모 펀드로 이동하여 해당 수익증권을 투자자산으로 매수하는 구조입니다. 이때 자 펀드는 투자자자금으로 오로지 모 펀드에만 투자하여야 합니다. 모 펀드는 주식형에서 채권형, 혼합형에 이르기까지 여러 종류의 투자자산을 운용하는 다수의 펀드로 구성할 수 있으며, 자 펀드는 이러한 다수의 모 펀드가 발행하는 수익증권을 최대 100%까지 편입할 수 있습니다. 예를 들어, 자 펀드의 운용전략이 모 펀드의 수익증권을 최대 30%까지 편입할 때, 주식형 30%, 채권형 30%, 혼합형 30%씩 세 개의 모 펀드 수익증권을 편입함으로써 안정적인 수익이 가능하도록 펀드를 설계할 수 있습니다. 이때 유의할 점은 재간접펀드가 주로 타사가 운용하는 펀드를 투자대상으로 한다면, 모자형 펀드는 반드시 자사가 운용하는 펀드만을 편입, 운용할 수 있다는 점입니다.

〈재간접펀드와 모자형 펀드〉

구 분	재간접펀드	모자형 펀드
투자대상	펀드	펀드
편입비율	최대 100%	최대 100%
피투자 펀드	자사·타사 펀드 가능	자사 펀드만 가능
투자지역	주로 해외	주로 국내
비용	고	중·저
분산효과	대	중
자산운용사 선정절차	유	무

또 다른 형태로 펀드를 투자대상으로 하는 재간접펀드와 모자형 펀드와 비슷한 종류형 펀드가 있습니다. 언뜻 종류형 펀드는 재간접펀드, 모자형 펀드와 유사해 보이지만 전혀 다른 성격의 펀드입니다. 종류형 펀드는 하나의 펀드에서 운용보수는 같지만, 판매수수료와 판매보수를 다르게 하여 투자자가 원하는 클래스(종류)에 가입할 수 있도록 만든 펀드입니다. 재간접펀드, 모자형 펀드 모두 종류형으로 만들어 운용하고 있습니다. 어떤 투자자는 펀드에 가입할 때 매년 지급하는 판매보수는 높지만, 한번 지급하는 판매수수료는 입금

당시가 아닌 원금을 찾는 때에 내고 싶은가 하면, 다른 투자자는 판매수수료를 앞서 내지만 그 대신 판매보수는 낮은 펀드를 원할 수 있습니다. 종류형 펀드는 이런 투자자의 다양한 요구사항에 맞춰 설계된 펀드입니다.

종류형 펀드는 주식형, 채권형, 혼합형 등 모든 펀드에 가능하며, 장기투자를 유도하기 위해 펀드의 가입 기간이 길어질수록 판매보수가 줄어들도록 설계되었습니다. 또한, 판매수수료와 판매보수의 차이로 발생하는 투자자 혼란을 막기 위해 펀드 명칭을 통일하여 이름만으로도 수수료 형태를 알 수 있도록 하였습니다. 종류형 펀드의 장점은 투자자별로 판매수수료와 판매보수를 각각 다르게 적용하기 때문에 투자자는 자신의 투자 기간이나 투자금액 등을 고려해 자신에게 맞는 펀드를 선택할 수 있다는 점입니다. 반면, 투자 시 유의할 점은 클래스에 따라 수수료 체계가 제각각이고 복잡하여 펀드를 가입하기 전에 충분한 정보를 찾아 비교해 본 후 자신에게 맞는 펀드를 선택하여 투자하여야 합니다. 소액자금을 투자하는 투자자라면 온라인에서 판매되는 온라인 전용 클래스에 가입하면 수수료도 저렴하고 환매수수료도 없기에 다른 클래스보다 유리하다 하겠습니다.

〈종류형 펀드〉

클래스 구분	주요 특징		
	판매수수료	판매보수	투자방법
A	선취	하	장기
B	후취	하	장기
C	–	상	단기
D	선취·후취	중	중기
E	–		온라인 전용
F			기관투자자 전용
H			주택마련
I			고액투자자
P			연금(IRP)
W			랩 어카운트
J			직접판매
S	후취		펀드슈퍼마켓
S-P			연금저축펀드
S-T			소득공제장기펀드
클린클래스[95)			
O			디폴트옵션(IRP)

95) 클린클래스는 투자자가 창구에서 오프라인으로 별도의 투자 설명 없이 펀드에 가입하는 경우, 판매수수료와 보수를 50%만 받는 클래스로 2016년 4월 27일 공모펀드 활성화 방안으로 도입되었습니다.

◇ 색 인 ◇

(ㅅ)

(ㅇ)

(ㅈ)